Crítica al poder presidencial

ENRIQUE KRAUZE

DEBATE

Crítica al poder presidencial

Primera edición: octubre, 2021
Primera reimpresión: diciembre, 2021

D. R. © 2021, Enrique Krauze

D. R. © 2021, derechos de edición mundiales en lengua castellana:
Penguin Random House Grupo Editorial, S. A. de C. V.
Blvd. Miguel de Cervantes Saavedra núm. 301, 1er piso,
colonia Granada, alcaldía Miguel Hidalgo, C. P. 11520,
Ciudad de México

penguinlibros.com

ISBN: 978-607-380-591-9

Impreso en México — *Printed in Mexico*

*A la memoria de José Manuel Valverde Garcés,
mi hermano querido*

Siempre es peligroso para los pueblos dejar todo el poder en manos de un solo hombre.
FRANCISCO I. MADERO

Índice

Prólogo 11

El timón y la tormenta (1982) 23
Por una democracia sin adjetivos (1984) 47
Chihuahua, ida y vuelta (1986) 75
Y el prinosaurio sigue ahí (1991) 97
La engañosa fascinación del poder (1996) 105
Los idus de marzo (1999) 129
Un llamado al presidente Fox (2003) 143
Calderón a medio camino (2009) 147
Nueva cavilación sobre la paz (2010) 153
La tormenta perfecta (2012) 161
El alma por el poder (2013) 183
Desaliento de México (2016) 195
Un gobierno destructor (2020) 219

Índice onomástico 243

Prólogo

Limitar el poder, siempre

Los ensayos que integran este libro son representativos de mi crítica al poder presidencial a lo largo de ocho sexenios: de López Portillo a López Obrador. No tengo duda del episodio histórico que despertó esa vocación ni del escritor a quien la debo: nació en 1968 y la inspiró Daniel Cosío Villegas.

Mi generación intelectual encontró su bautizo de fuego en el movimiento estudiantil, pero no todos leímos aquellos hechos dramáticos con el mismo lente. Un sector quizá no mayoritario, pero apasionado y militante, vio en el 68 el embrión de una revolución social mucho más profunda que la vieja y desgastada Revolución mexicana, mucho más afín a la nueva y pujante Revolución cubana. Un sector quizá mayoritario, tan apasionado como aquél, pero más silencioso e invertebrado, vivió el 68 como una rebeldía contra el poder, un multitudinario NO a un gobierno autoritario,

11

un régimen antidemocrático y un presidente cegado por el odio.

El primero buscaba superar al régimen e imaginaba un nuevo Estado revolucionario. El segundo buscaba limitar el poder del Estado mediante las leyes, instituciones, garantías y libertades plasmadas en la letra de la Constitución, pero incumplidas en la práctica. El primero era un sueño revolucionario inspirado en la obra social de Lázaro Cárdenas, pero también, de manera ecléctica, en las ideas de Marx, Lenin, Trotski, Mao, Castro y el *Che* Guevara. El segundo era un sueño liberal inspirado en los pensadores y estadistas de la Reforma y en el apostolado democrático de Madero.

De esa doble lectura nacieron dos proyectos de nación. Muchos intelectuales que sostenían el primero consideraban superada a la Revolución mexicana pero no tenían empacho de vivir a expensas del Estado que decía representarla. Su ideario dominó los ámbitos universitarios por varias décadas y ha llegado hasta nuestros días. Quienes sostenían el segundo proyecto, al margen de sus opiniones diversas sobre la vigencia de la Revolución mexicana (de sus ideales y valores), vivían de manera independiente del Estado. El primero no tuvo un líder visible: lo integraron intelectuales de diversas generaciones. Al segundo lo encabezó un viejo y solitario profeta: Daniel Cosío Villegas.

Portador de varias "casacas" —sociólogo, economista, diplomático, fundador de empresas culturales, editor, historiador y ensayista—, Cosío Villegas (1898-1976) decía tener una ene de NO en la frente. Sobre todo de NO ante el poder. Por eso señaló siempre que la mayor "llaga política" de México era la entrega de todo el poder a la persona del presidente. Esa convicción que abrigó desde joven —y presente en sus libros, ensayos y artículos— determinó su rechazo al fascismo y al comunismo, y se reafirmó en el último tramo de su vida, que transcurrió al final del período de Díaz Ordaz y durante casi todo el de Echeverría.

A Díaz Ordaz, don Daniel lo condenó al infierno de la Historia por el crimen de Tlatelolco y dedicó el resto de aquel sexenio a criticar "el espacio infinito que ocupa en el escenario público nacional el presidente de la República y las malas consecuencias de esta situación anómala y antipática". A Echeverría lo recibió con cierta esperanza por "la atmósfera de libertad que comenzaba a respirarse" en 1971, pero no tardó en decepcionarse de aquella engañosa "apertura democrática" y terminó por desnudar la entraña demagógica y autoritaria del presidente en un libro memorable: *El estilo personal de gobernar* (Joaquín Mortiz, 1974), segundo tomo de una tetralogía que fue muy leída. En ella razonó que la democratización del sistema tenía como condición necesaria el acotamiento del poder presidencial: "el problema político más importante y urgente del México actual es contener y aun reducir en alguna forma ese poder excesivo". En ese contexto, citaba a Madison: "La gran dificultad de idear un gobierno que han de ejercer unos hombres sobre otros radica, primero, en capacitar al gobierno para dominar a los gobernados, y después, en obligar al gobierno a dominarse a sí mismo". Y concluía: "Es indudable que México ha salvado de sobra la primera dificultad, pero no la segunda".

¿Cómo habíamos llegado a ese extremo? A las facultades legales y extralegales que explicaban la concentración de poder en la presidencia, se sumaban razones históricas, sociales, geográficas, políticas, morales, psicológicas que don Daniel exploró en detalle. En una sociedad tan poco diferenciada como la mexicana, el poder seguía fascinando a los jóvenes, plantando en ellos ambiciones que no eran comunes en otros países. La posición geográfica de la capital favorecía también el fortalecimiento del Ejecutivo, lo mismo que la estructura burocrática. El Poder Legislativo se plegaba al presidente por ambición trepadora, pero el Judicial, teniendo buenos soportes formales y materiales para fincar su independencia, era cautivo por simple y llano temor. En ambos casos, sentenció, "la sujeción es más lucrativa que la independencia". Hasta la convicción muy común de que el presidente de México lo podía todo contribuía a aumentar su poder. La suerte de los mexicanos no dependía de un acuerdo institucional sino de una voluntad personal, del arbitrio de un hombre de carne y hueso:

> [...] la creencia de que el presidente de la República puede resolver cualquier problema con sólo querer o proponérselo es general entre todos los mexicanos, de cualquier clase social que sean, si bien todavía más, como es natural, entre las clases bajas y en particular entre los [...] campesinos.

Éstos, en realidad, le dan al presidente una proyección divina, convirtiéndolo en el Señor del Gran Poder, como muy significativamente llaman los sevillanos a Jesucristo.

Este elemento religioso le parecía lamentable, porque bloqueaba la maduración ciudadana y la construcción institucional. El presidente era el "Iluminado Dispensador de Dádivas y Favores". Por eso México no era una república, sino una "Monarquía Absoluta Sexenal y Hereditaria en Línea Transversal".

Estas ideas se convirtieron en mis ejes rectores por la razón sencilla de que entre 1970 y 1976 frecuenté mucho a don Daniel con el objeto de escribir su biografía. No sólo grabé con él una veintena de entrevistas que atesoro, sino que leí semana a semana sus artículos combativos en el *Excélsior* de Julio Scherer y fui testigo cercano de su gallarda actitud frente a Echeverría, cuyo gobierno lo acosó, insultó y difamó. Finalmente, tras consultar su archivo personal, entrevistar a allegados y malquerientes, y leer su obra completa, a principios de 1980 publiqué *Daniel Cosío Villegas: una biografía intelectual*. En ese momento sentí que debía volverme un escritor político liberal, estafeta que desde muy atrás habían tomado de Cosío Villegas mis otros dos grandes maestros, compañeros en la revista *Vuelta*: Octavio Paz y Gabriel Zaid.

Aunque "El timón y la tormenta" (*Vuelta*, octubre de 1982) no fue, estrictamente, mi primer texto contra el poder presidencial (en agosto de 1971, después de presenciar directamente la matanza del 10 de junio, hice público mi repudio a Echeverría), sí fue mi primer ensayo político y mi primer testimonio sobre la necesidad histórica de convertir a México en una democracia. Lo provocó un acto autoritario y desesperado del presidente López Portillo: el discurso del 1 de septiembre de 1982 en el que nacionalizó la banca privada. "Soy responsable del timón, no de la tormenta", había dicho. Pero la realidad era distinta: sus golpes de timón habían provocado la tormenta. Días después de aquel infausto informe, el historiador Luis González, otro maestro inolvidable, me dijo: "Bueno, ahora sí al país ya no le queda otra opción más que la democracia, dejar que la gente tome el destino en sus manos y decida". Para mí, esa frase fue una revelación. La incluí como remate de "El timón y la tormenta". Comenzaba postulando la existencia de un "agravio profundo" en el pueblo mexicano (provocado por la pésima administración de los recursos petroleros, las promesas incumplidas, la corrupción, el desencanto, la quiebra) y terminaba con una frase programática: "[...] nuestra única opción histórica [es] respetar y ejercer la libertad política, el derecho y, sobre todas las cosas, la democracia".

No era ésa la convicción de los representantes intelectuales del proyecto revolucionario que, integrados de diversas formas al régimen, apoyaron a López Portillo como habían apoyado a Echeverría (el cómplice de Tlatelolco) y como apoyaron a Miguel de la Madrid y a Carlos Salinas de Gortari, aunque estos dos se apartaron ostensiblemente, en lo económico, de todo proyecto revolucionario. Frente a ese bloque, desde una posición independiente, los liberales ejercimos la crítica a cada gestión presidencial. Nadie, en esta tarea, superó a Gabriel Zaid. Él fue siempre, y lo es hasta ahora, el mejor discípulo de don Daniel por la constancia, coherencia, amplitud, profundidad y continuidad de su crítica al poder, que en su caso abarca 10 sexenios de irreductible independencia.

Trece años menor que Zaid, a pesar de haber formado parte del movimiento estudiantil y de ser consejero universitario por la Facultad de Ingeniería en los tiempos aciagos que siguieron a Tlatelolco, no tuve edad para publicar contra Díaz Ordaz y apenas contra Echeverría, pero tras "El timón y la tormenta" me propuse defender la alternativa liberal postergada desde tiempos de Madero y con ese propósito escribí "Por una democracia sin adjetivos" (*Vuelta*, enero de 1984). Un Estado y un presidente con el poder acotado, un sistema electoral que permitiera la pluralidad de partidos, una prensa y unos medios que verdaderamente encarnaran "el cuarto poder" no parecían fines imposibles, aunque el gobierno y los militantes de izquierda atacaran la idea como una nueva versión de la democracia "formal" y "burguesa". Por fortuna, un sector de la izquierda dentro del PRI y cercano a Cuauhtémoc Cárdenas tomó la idea con toda seriedad. Cerca de ellos, como un puntal, estaba el ingeniero Heberto Castillo, maestro de ingeniería, socialista intachable y demócrata sin adjetivos. No olvidaré que, en 1986, un respetado intelectual de izquierda, el historiador trotskista Adolfo Gilly, escribió un texto aprobatorio de mi ensayo titulado "Una modesta utopía" (*La Jornada*, 9 de agosto).

A ese mismo impulso obedece "Chihuahua, ida y vuelta" (*Vuelta*, junio de 1986), ensayo-reportaje que quiso contribuir a la democracia en aquel bravo estado norteño donde la libertad parecía despertar tras un letargo de 70 años. Un lustro después, en plena euforia del presidencialismo salinista, publiqué en *La Jornada* y *Proceso* varios artículos y ensayos críticos que reuní en mi libro *Textos heréticos* (Grijalbo, 1992). Entre todos ellos he elegido "Y el prinosaurio sigue ahí" (*La Jornada*, 27 de agosto de 1991). Los aciertos de aquel gobierno en política comercial no paliaban la ceguera histórica ante la necesidad de un cambio democrático y la obstinación en impedirlo. El régimen pagó muy cara su soberbia y una de las consecuencias fue el asesinato de Luis Donaldo Colosio, que abordé en varios textos de aquel momento, pero traté con mayor detenimiento en "Los idus de marzo" (*Letras Libres*, marzo de 1999).

El sexenio de Ernesto Zedillo representó el puente entre el pasado autoritario que Mario Vargas Llosa llamó "la dictadura perfecta" y la "democracia sin adjetivos". Aunque publiqué críticas puntuales sobre su gestión, reconocí en sus actos la voluntad de dar inicio a la construcción de un Estado de derecho que llevara a la práctica las leyes, instituciones, garantías y libertades plasmadas en la letra de la Constitución. En ese contexto de cambio, subrayé la necesidad de que el intelectual marcara siempre su distancia del príncipe, como había prescrito Octavio Paz. Con ese tema, y en alusión a los intelectuales exrevolucionarios que nos habían confrontado, escribí "La engañosa fascinación del poder" (*Proceso*, 5 de febrero de 1996).

En el año 1997, y claramente desde 2000, los mexicanos comenzamos la ardua, difícil, larga tarea de construir un régimen distinto al que había dominado al país por 71 años y cuya historia tracé en *La presidencia imperial* (Tusquets, 1997). Además de una historia, ese libro quiso ser un epitafio. Lo que seguía era señalar los resabios del antiguo régimen en el presente y, sobre todo, ejercer la crítica a la gestión concreta de los presidentes electos ya en democracia.

A esa crítica pertenece "Un llamado al presidente Fox" (*Reforma*, 27 de julio de 2003), cuya gestión irresponsable y frívola estuvo a años luz de su gesta como candidato. A ese género corresponde también una mirada escéptica sobre "Calderón a medio camino" (*Reforma*, 6 de septiembre de 2009); dos ensayos sobre la errada y errática política de seguridad de ese periodo: "Nueva cavilación sobre la paz" (*Reforma*, 19 de diciembre de 2010) y "La tormenta perfecta" (*Letras Libres*, noviembre de 2012); y finalmente un texto en el que repudié la corrupción tolerada en aquel sexenio y propuse la refundación del PAN a partir, no de sus antiguas y lamentables simpatías fascistas, sino de la hazaña cívica y democrática encarnada en Manuel Gómez Morín: "El alma por el poder" (*Proceso*, 30 de junio de 2013).

El electorado dio al PRI una segunda y última oportunidad para encarar eficazmente los viejos y nuevos problemas del país y dejar atrás su pasado, sobre todo su ADN: la corrupción. Enrique Peña Nieto echó por la borda esa oportunidad. Mi recuento y explicación de ese malhadado sexenio al que critiqué repetidamente en medios mexicanos y del extranjero está en "Desaliento de México", que apareció paralelamente en *The Nation* y *Letras Libres* (abril y mayo de 2016, respectivamente).

En julio de 2018 llegó al poder Andrés Manuel López Obrador. Ningún mandatario de la historia moderna de México ha acumulado el poder que tiene y ejerce. Desde el primer año de gobierno, las consecuencias de sus acciones en la economía, la salud, la seguridad y la concordia básica de los mexicanos distaban de ser alentadoras. A partir de la pandemia, se volvieron trágicas. En julio de 2020 hice un recuento preliminar de su gestión en "Un gobierno destructor" (*Letras Libres* y *The New York Review of Books*).[1]

En 1997 pensé que México había dejado atrás la antigua condena de que la figura presidencial —su biografía, su carácter, sus traumas y obsesiones, sus ideas— siguiera siendo determinante en la historia, al extremo de conver-

---

[1] El lector interesado en ahondar en mi crítica al poder presidencial en estos 40 años puede consultar varios libros: *Por una democracia sin adjetivos* (1986), *Textos heréticos* (1992), *Tiempo contado* (1996) y *Tarea política* (2000). En 2016 apareció una colección amplia de textos bajo el título de Ensayista Liberal en tres tomos: *Por una democracia sin adjetivos* (1982-1996), *Del desencanto al mesianismo* (1996-2006) y *Democracia en construcción* (2006-2016). Finalmente, en *El pueblo soy yo* (2018) ofrecí una anatomía del poder en América Latina, con especial atención al caso mexicano.

tirla en una "biografía del poder". Creí que los mexicanos habíamos comenzado a abrir un nuevo capítulo en el que la historia la hacemos y escribimos todos. No ha sido así, y hemos vuelto al pasado, no sólo en lo que concierne a la concentración de poder en el presidente, sino a la anacrónica y confusa puesta en escena de aquellos libretos ideológicos que los liberales enfrentamos desde los años setenta. Y así, la disputa sobre el futuro de la nación que surgió de las dos lecturas de 1968 continúa. Por fortuna, ante la irrupción populista (que es, en muchos sentidos, una caricatura de cualquier ideal revolucionario además de una adulteración de la democracia) un sector sustancial de los intelectuales que proponían entonces esa alternativa revolucionaria (no pocos de ellos marxistas serios) se ha convencido de la bondad de la "modesta utopía" que defendimos frente a ellos: la democracia liberal.

¿Qué tarea espera a los intelectuales liberales de hoy y de mañana? La misma que Cosío Villegas delineó a mediados de los sesenta en su obra *Ensayos y notas*:

[...] (el intelectual) debiera rehusarse a participar en un juego político cuya primera "regla de caballeros" es renunciar [...] a pensar por sí mismo, heterodoxamente si es necesario. Así tiene por delante la más hermosa tarea que pueda ofrecérsele a un intelectual: transformar el medio en que por ahora está condenado a vivir para hacerlo propicio a una acción política verdaderamente inteligente.

Los 13 ensayos de este libro están inspirados en esa filosofía y ese propósito. ¿Qué depara el futuro? No sé cuánto durará la nueva presidencia imperial, no sé cuándo lograremos consolidar una presidencia institucional, pero en todos los casos habrá que seguir diciendo NO al poder, en particular al poder absoluto en manos del presidente en turno.

14 de agosto de 2021

El timón y la tormenta

(1982)

México vive una de las crisis económicas más severas de su historia. No es, por supuesto, la primera vez que estamos en un brete, y recordarlo no deja de ser un consuelo. Hay en la memoria una moraleja implícita: si salimos de aquéllas, saldremos de ésta. En 1882, presionado por la caída de los precios de la plata, el presidente Manuel González puso en circulación la fugaz moneda de níquel, lo que provocó suspicacia pública, le acarreó impopularidad y por poco le cuesta la vida. En 1907, Limantour sorteó a medias una crisis financiera de tal magnitud que algunos historiadores la consideran un antecedente fundamental de la Revolución. Entre 1913 y 1916 se dieron en México hechos que recuerdan un poco los de estos últimos meses: fuga de divisas a cuentas en Estados Unidos, devaluación vertiginosa de la moneda, alza en los precios de los productos básicos, incautación bancaria. Las razones de urgencia ante la aguda

crisis nacional que adujo Luis Cabrera contra los representantes del antiguo régimen bancario parecen prodigiosa-
mente actuales: "Lo que hizo el gobierno del presidente
Carranza lo hubiera hecho cualquier gobierno del mundo
en similares circunstancias".

Un suceso análogo más cercano ocurrió en el año 1926.
Llegaba a su fin el quinquenio de la abundancia. La obra de
la Secretaría de Educación, orgullo del régimen, se había
realizado, en buena medida, con los ingresos petroleros
de 1921. Todos los renglones de la economía marchaban de
modo ascendente. Calles se propuso entonces cambiar la
faz del país en cuatro años y orquestó una suerte de Nueva
Política Económica mexicana: funda el Banco de México,
el Banco de Crédito Agrícola, la Comisión Nacional de
Caminos y la de Irrigación, Escuelas Centrales Agrícolas,
etcétera. Por desgracia, factores externos —como la baja de
los ingresos petroleros y argentíferos— detienen el ambicioso, aunque no desmesurado, plan que habían llevado a
cabo Calles, Pani y Gómez Morin. De pronto, el país entra
en una crisis de la que no saldrá cabalmente sino hasta el
New Deal: bracerismo, desempleo, cierre de empresas, pa-
ros, huelgas, moratoria en la deuda externa. Mientras las
relaciones con Estados Unidos llegan al borde de la ruptura,
Calles desata la Guerra Cristera. En 1928 Dwight Morrow
aparece para arreglar "the small business" (México). Nuestra relativa autarquía nos defiende un tanto del derrumbe
de 1929 pero la depresión persiste, con matices, hasta que en
1933 nos impulsa el auge de la plata.

La era del patrón oro no terminó con las convulsiones. Cárdenas mantuvo el peso sobrevaluado y financió buena parte de su programa social mediante el famoso sobregiro contra el Banco de México. A raíz de la expropiación petrolera sufrimos inflación, fuga creciente de divisas y una disminución de las reservas hasta que, oportunamente, la Segunda Guerra Mundial nos rescató de la crisis. En 1946, Alemán introdujo un ambicioso plan de inversiones públicas que casi duplica el gasto entre 1946 y 1948. Como ahora, la cara oscura del crecimiento fue la reducción en la reserva, la fuga de capitales y la devaluación. 1954 y 1976 son los dos capítulos siguientes en la historia de un problema esencial: gastar el dinero que no se tiene. De cada crisis nos ha rescatado, en cierta medida, el azar: el petróleo en 1921, la plata en el 33, la guerra en el 39. En 1976 el petróleo parecía, de nueva cuenta, la salvación, pero esta vez la salvación definitiva: era ahora nuestro pasaporte seguro a la modernidad.

Todas estas encrucijadas fueron, en su momento, graves y riesgosas, tanto como la actual en términos relativos internos, aunque quizá no en términos cualitativos y absolutos. Por primera vez, la crisis mexicana se inscribe profundamente en el entramado internacional al grado de hacer temblar a los bancos más importantes del mundo. Y por primera vez, a pesar de nuestra importante renta petrolera, los números son espeluznantes: una devaluación de 22 a 70 pesos por dólar en seis meses y una inflación que pasará de 15% en 1973 a un posible —y temible— 100% este año. La deuda estimada supera los 80 mil millones de dólares y es

—todos lo sabemos— la más alta del mundo. En fin, en 1981 nuestro crecimiento había alcanzado 9%; en 1982 será nulo. Pero lo decisivo es que también, por primera vez en nuestra historia, alguien más importante que el Fondo Monetario Internacional parece habernos cerrado el crédito: la Providencia. Estamos obligados a buscar en nosotros mismos, por nosotros mismos, la solución de nuestra crisis.

Es imposible saber ahora si las decisiones anunciadas el 1 de septiembre serán la palanca que el país requiere para superar la crisis económica. Pero lo cierto es que la exaltación, los momentos de solidaridad, los instantes en que la fe encarna, pueden empañar el examen lúcido del problema en sus raíces, desarrollo y consecuencias. Hay muchos ejemplos históricos en los que el fervor oprime la inteligencia. Uno entre muchos: en la República de Weimar, en 1922, el celo nacionalista ocultó, con enormes costos, la dimensión verdadera de la bancarrota económica. De ahí que sea necesario, para pensar la crisis, hacer una distinción fundamental y dividirla en dos etapas: antes y después de la exaltación, antes y después del 1 de septiembre. La mejor guía es el propio Informe: fue el método que empleó el presidente para explicar, primero, su versión de la historia y, después, para variar su cauce.

Legítima defensa

"Soy responsable del timón, pero no de la tormenta", dijo el presidente López Portillo. Su Informe fue la bitácora de un timonel que no admite su parte en el naufragio, y que atribuye las desgracias a los ingobernables elementos y al motín de los "sacadólares". La caída del precio del petróleo y el incremento en las tasas de interés fueron factores determinantes en el problema. Pudo haber agregado uno: la manga ancha de la banca internacional. Por otra parte, la ira apenas contenida con que el presidente reveló las cifras de la fuga de capitales no podía estar más justificada: 14 mil millones de dólares en cuentas al extranjero; 30 mil millones en propiedades inmuebles, de los cuales 8 mil 500 son por concepto de enganches. Si a esas sumas se adicionan 12 mil millones de mex-dólares se alcanzan las dos terceras partes de la deuda pública. Aunque este motín —cosa que se olvida— no tuvo conexión directa ni causal con la deuda, fue un capítulo lamentable. Lo que México vivió este sexenio no fue un saqueo: fue una deserción nacional.

Igualmente razonable fue su exposición de la cara positiva de su periodo. Algún día, si los mexicanos logramos construir la democracia a la que aspiramos, quizá López Portillo será recordado como el presidente de la reforma política. A diferencia de sus dos antecesores, deja su cargo con las manos limpias de sangre. No habrá fechas de muerte en su calendario: ni 2 de octubre ni 10 de junio. No se olvidarán tampoco los aspectos positivos de su gestión económica y social, cifras y datos alentadores: primaria para todos los niños, expansión en los servicios médicos, agua, energía, transporte público, 4 millones 258 mil nuevos empleos, incremento del 60% en la producción de granos y oleaginosas (Sistema Alimentario Mexicano).

La política económica del régimen —explicó el presidente— empleó el ingreso petrolero para acelerar el ritmo de nuestro desarrollo: no crecer entonces —afirmó— habría sido una cobardía, una estupidez; no había otro modo de cimentar con celeridad nuestra planta industrial y acrecentar el empleo; el tiempo histórico no ha sido propicio para México: había que remontarlo. Ahora, dijo, gracias a este plan totalizador "tenemos infraestructura, capacidad organizada y un lugar preponderante en el mercado comercial y financiero del mundo". Y crecimos a una tasa 60% superior al promedio mundial, 20% más alta que la media de los países subdesarrollados y el doble en relación con el primer mundo. En el discurso presidencial, la inversión y el crecimiento no sólo aparecen como la cara positiva de la crisis sino como una realidad que, en cierto modo y en un nivel histórico más amplio, la desmienten.

Aun sin compartir las premisas del presidente, hay que aceptar que si el proyecto fracasó no fue por un manejo a espaldas del público. No fueron muchas las voces que se unieron a Heberto Castillo en sus lúgubres y continuas premoniciones. En la prensa, en ambas cámaras, en coloquios y mesas redondas, en las Ligas y Colegios Profesionales, en corrillos y cafés, tirios y troyanos, izquierdas y derechas incurrieron, en mayor o menor medida, en la típica psicología petrolera, la "petromanía". Las cifras, los pronósticos, las reservas y hasta el cuadro internacional eran propicios. La ruleta de la historia apuntaba hacia México. Ser prudente o desconfiado parecía entonces signo de cobardía y torpeza. Todos fuimos víctimas o cómplices de la alucinación y esto atenúa en parte la responsabilidad del timonel. El proyecto petrolero pudo ser o no —a mi juicio lo fue— un error histórico, pero el presidente lo adoptó y ejerció abierta y consistentemente con sus fines declarados.

EL MOTÍN DE LOS METECOS

Hay otra pálida vertiente de justificación que López Portillo no empleó. No es un argumento político sino psicológico y cultural: el presidente no pudo haber previsto la sumisión de un importante sector de nuestra burguesía pública y privada a la voluntad de Estados Unidos.

Un vistazo a su biografía aclara muchas cosas. López Portillo proviene de una vieja familia criolla, arraigada en la tradición española, ajena y recelosa del mundo sajón. Pertenece a una generación que nace después de la Revolución y su despertar político ocurre durante el cardenismo. Éstas son sus circunstancias y su horizonte. Esta situación explica su temple crítico y su nostalgia revolucionaria. El México de su juventud es hosco, cerrado y orgulloso. La camada de López Portillo admira fervorosamente a los muralistas, simpatiza con el lombardismo, lee con avidez la novela de la Revolución mexicana y mira con recelo cualquier elitismo o cosmopolitismo artístico o cultural. Viven en un museo de figuras revolucionarias, pero en un museo viviente. Consideran reaccionario el trabajo técnico de la generación de 1915 y la ven como herencia del callismo. Conciben la etapa cardenista como una vuelta al origen de la Revolución. Aislados por la guerra, la incuria o el simple desinterés, no miran a Europa ni a Estados Unidos. Su ideal de viajeros es la América hispánica, de ahí el célebre viaje de Echeverría y López Portillo a Chile. La inmigración española los influye, pero no tanto como a otras generaciones más jóvenes. López Portillo se acerca al jurista Manuel Martínez Pedroso y, según ha explicado varias veces, se vuelve hegeliano. Nada de esto le hace perder el horizonte mexicano y cardenista. Los más jóvenes, los que lo seguían en la Facultad de Derecho, menos marcados por el cardenismo que por la Segunda Guerra, se vincularán de modo más abierto y cosmopolita a los exiliados españoles, y terminarán por configurar su temple e ideología en el París de 1950.

Este superficial bosquejo explica, quizás, el desencuentro múltiple y natural de este criollo mexicano y cardenista con el *American way of life*. Es el presidente que restablece los vínculos diplomáticos con España, el autor de un *Quetzalcóatl*, el primer mandatario que vindica a Cortés y la Malinche en un Informe presidencial. Se comprende la rabia y el desprecio que —como todo mexicano con un mínimo sentido de solidaridad y raigambre— debió sentir ante la dolarización cultural del país. Hay un capítulo divertido y doloroso en *La tormenta* de José Vasconcelos, "Metecos en Yankeelandia", que retrata puntualmente la actitud de miles de mexicanos en este sexenio. Estoy seguro de que López Portillo lo habría hecho suyo:

> Los atenienses crearon la palabra *meteco* para designar a todo género de coloniales y extranjeros que llegaban a la metrópoli a sumarse a sus costumbres, imitar sus gustos, pero sin producir valor alguno original que pudiese enriquecer la cultura.
>
> A toda la multitud de políticos ladrones, funcionarios sin escrúpulos y aun ricachones ingenuos de distintas partes de México [...] se les [ve] en los lugares más costosos, haciendo papel de primos, compartiendo las extravagancias más vulgares a fin de parecer enterados y muy convencidos de que se daban la gran vida [...].
>
> Nuestros metecos de Yankeelandia se descivilizan porque todo el refinamiento que podían adquirir en ciudades cultas como Guadalajara o México, se les vuelve ritmo de jazz y gesto de danza negroide así que han pasado un par de meses en los bailaderos de California.

Vasconcelos se refería a unos cuantos, mientras que López Portillo podría señalar unas cuantas decenas de miles. La frase perfecta la oí alguna vez de la amiga de una amiga mía: "¿Por qué tienes casa en El Paso? Por si el país te falla". Como muchos otros mexicanos de pasaporte —que viajaban a Houston semanalmente y consumían desde la pasta de dientes hasta el abrigo de *mink* en Estados Unidos, que querían ser norteamericanos en todo menos en el origen de sus fortunas—, esta señora quizás ahora entienda el riesgo de fallarle a un país. El juego era muy cómodo: vivir entre México y Estados Unidos, con las ventajas de ambos países y sin sus desventajas.

Cada mexicano tuvo la alternativa ética de apostar por el país. Esta opción otorga un margen de justificación al timonel. Un margen, nada más. La política económica de un país no puede fincarse en la psicología de un presidente. Al regalar prácticamente dólares, el régimen propició el motín. Bastaba el ajuste de paridad y su desconexión del índice de precios para evitar que "Yankeelandia" fuera negocio. Los metecos no atentan contra su propio bolsillo.

Olvido del otro México

Desde cierta altura todas las pirámides del mundo, incluso las de Keops y Marina Nacional, parecen "minucias". No lo son. En esto, López Portillo resultó más discípulo de Alemán que de Cárdenas. Instintivamente, si se quiere, pero no sin ambigüedad o contradicción. Cárdenas quiso un México justo, plural, apegado a la tierra y a sus frutos, un país de individuos dignos. Alemán prohijó la meta de un país urbano, progresista, industrial, cosmopolita y, sobre todo, triunfalista. Como presidente, Cárdenas vivió entre dos extremos: el alma en el terruño, la mente y la lucha en la ciudad. Pero su ideal profundo era quizás el de un país como el que en 1940 pintó Gonzalo Robles: "Modesto pero equilibrado, sano y feliz, que viviera de su agricultura, de su industria y de su minería".

El gran vuelco de la historia mexicana, la verdadera pérdida del paso, ocurrió en 1946. Ese año México comenzó a desandar. Nadie como Frank Tannenbaum entendió la apuesta equivocada de aquel régimen, la creación de una casta —una alianza— urbana de empresarios, burócratas y —hay que decirlo— obreros, que prosperarían a costa del México rural. Sus ideas fueron anatematizadas por derechas e izquierdas. Pero este amigo de Cárdenas, que amó, recorrió y estudió México como muy pocos mexicanos, tenía buena parte de razón. Al propio Cárdenas le faltó claridad para ver la contradicción entre los dos Méxicos. Su largo silencio habla, quizá, más de su perplejidad intelectual que de su prudencia política. Pero su filosofía moral es la que Tannenbaum resume en las siguientes líneas, publicadas en plena borrachera neoporfirista (1950), una filosofía ajena a todos los presidentes desde Alemán hasta López Portillo:

Excepto los artículos industriales a bajo precio, vestidos, zapatos, herramientas y servicios, las cosas que la ciudad tiene que ofrecer son de poca importancia para las gentes del campo [...] el abismo entre la población urbana y la rural continúa abierto, y acaso el problema es tan serio como era antes, aunque se halla encubierto por el esfuerzo general de reconstrucción del programa revolucionario. Vendrá un día, sin embargo, en que la Revolución estará superada y el cisma interno se revelará con claridad [...] México [...] puede alcanzar su desarrollo cultural y económico más pleno sólo adoptando una política consustancial a su verdadero genio: el robustecimiento de la comunidad local. Cualquier plan que destruya la vitalidad de la comunidad rural mexicana tendrá trágicas consecuencias.

Quizá Tannenbaum fue demasiado pesimista. Quizá nazca un nuevo impulso de actividad en el empresario privado y público que nos permita dar el gran paso adelante. Creo que el consejo de equilibrio, pertinencia, coherencia y sobriedad de Tannenbaum sigue vigente y es el que pide la mayoría del pueblo mexicano. El alemanismo y sus sucedáneos históricos corregidos, ya sean de izquierda o de derecha, comparten dos cosas: una fe absoluta en el "Progreso" y una total incapacidad de poder ofrecerlo al México rural sin representantes sindicales, cuentas de ahorros, hipotecas bancarias, no piramidado. Como todos los regímenes a partir de 1940, el de López Portillo ha tenido poco que ofrecer al México marginal, además de perdón y lágrimas.

LA CORRUPCIÓN FUERON TODOS

Hasta aquí las fallas son intelectuales: de comprensión, previsión, claridad y prudencia. Pero el timonel incurrió también en una responsabilidad moral: no detuvo la corrupción. Una sola vez mencionó en el Informe haberla "combatido hasta el escándalo". Esta parquedad revela, por omisión, la realidad: en este sexenio la corrupción creció en proporción alarmante.

Si alguna caída histórica ha sufrido México es la de la corrupción. Nadie recuerda ahora la moral republicana de los liberales que predicaban no con la palabra sino con el ejemplo. De Porfirio Díaz pueden decirse muchas cosas, pero no que fuera corrupto. Cierto, dio negocios y prebendas a los Científicos y prohijó una bárbara acumulación y un saqueo despiadado con la Ley de Baldíos. Pero lo hacía, al menos en parte, por las mismas razones ideológicas que guiaron a los liberales en la política de desamortización.

La era revolucionaria fue el siguiente paso atrás. Es sabido que los carrancistas eran llamados "consusuñaslistas". El apodo se refiere claramente a la avidez "presupuestívora" de aquella clase media en el poder. El periodo carrancista es defendible por su política internacional e interna, pero no por su limpieza. Los sonorenses empezaron bien y acabaron mal. Por testimonio de algunos miembros de la generación de 1915, sé que durante los primeros años de De la Huerta y Obregón no hubo corrupción directa —uso de fondos públicos—. Con todo, el historiador suizo Hans Werner Tobler ha documentado hasta la saciedad el gozoso reparto de haciendas que prohijó la Revolución. ¿Fue corrupción o botín de guerra? Durante el callismo, el Banco de México y, sobre todo, el Banco Nacional de Crédito Agrícola comenzaron a extender "préstamos de favor" a los nuevos dueños de la casa, comenzando por Calles, Obregón,

Amaro y compañía. La frívola corrupción en el maximato presagió la del alemanismo. Cárdenas y casi todo su gabinete entraron y salieron limpios. Ávila Camacho fue un presidente caballero con un hermano que no lo fue tanto, pero el gran viraje lo dio el régimen siguiente. En cuanto a corrupción, como en otras cosas, el alemanismo fue una vuelta al porfirismo. En 1948 una caterva de neocientíficos sacaba, como en 1905, jugosas concesiones al Ejecutivo. La novedad histórica fue que, además de sacar concesiones para hacer pesos, sacaba pesos para hacer más pesos. Con todo, se trataba de un dinero que pocas veces salía del país y que casi siempre se invirtió en empresas productivas.

El ejemplo prosperó de modo creciente en cada sexenio, con excepción parcial del de Ruiz Cortines. Cada seis años salía del esforzado servicio público una camada con dinero suficiente para becar hasta a sus tataranietos. Esta manía se fue expandiendo cuantitativamente pero no alcanzó, hasta 1970, un ritmo exponencial. El sexenio de Echeverría presenció un nuevo "salto cualitativo" en nuestra regresión moral. Entre 1970 y 1976 ya no sólo robaban en grande el funcionario y sus adláteres, sino el oscuro contador de la más oscura empresa estatal. "La Revolución le hacía justicia" ya no sólo a unos cuantos, sino a unas cuantas decenas de miles, entre los cuales no faltaban hijos predilectos de la burguesía que no soñaban ya con el negocio propio, sino con un puesto más jugoso en prestigio, poder y dinero.

Pero aquel dinero se quedaba todavía en México. No eran muchos los que depositaban sus centavos en el extranjero.

Al principio del periodo actual se encarceló a unos cuantos, pero después, con la euforia petrolera, se quitó el dedo del renglón. La corrupción dolarizada se generalizó. ¿Quién no sabe de las fortunas que sacaron del país algunos funcionarios públicos? La propia y extensa familia de López Portillo no dio cátedra de austeridad en los puestos públicos que ocupó. La prensa internacional publicó nombres y datos, pero, aparte de algún coscorrón y uno que otro jalón de orejas, el presidente no movió un dedo.

"Ni México ni ningún otro país tiene recursos para nutrir y resistir indefinidamente a la especulación", dijo el presidente en el Informe. Con la misma justicia pudo haber repetido la frase rematando con la palabra *corrupción*. Los saqueadores fueron tanto públicos —el dinero ajeno a la bolsa y al extranjero— como privados —el dinero propio al extranjero—. Todo México lo sabía.

Un sexenio de tres meses

Nunca dudé de la sinceridad del presidente ni de la coherencia interna de sus actos. No es un hombre de doblez. No es —como Echeverría— un político a la mexicana, y quizá tampoco un político a secas. Pero sus desplantes de fuerza, sus despliegues atléticos y sus exabruptos parecían sugerir cierta fisura. Repensando sus pensamientos y observando sus actos, me hice una imagen biográfica y generacional que busca comprender antes que juzgar su responsabilidad en la crisis. Su mayor acierto sexenal fue, en el fondo, de orden moral: no mató, no persiguió, gobernó pacíficamente y llevó a cabo la reforma política. En su faraonismo petrolero hay tal vez la proyección de un carácter que busca compensaciones desmesuradas e instantáneas, pero aquí su responsabilidad es compartida: es un rasgo común a todos los presidentes, desde Alemán a nuestros días. Quizá tenga sus orígenes en los ensueños imperiales de la Colonia, o antes aún, en los aztecas. López Portillo encarnó de nuevo esa malhadada vocación de grandeza, pero no la inventó. Pensé, en suma, que es un hombre complejo en quien confluyen, no siempre de modo armonioso, ríos de identidad e historia. Pero me convencí de que, a pesar de todo, su imagen histórica no estuvo nunca en peligro de caer en los abismos de sus antecesores. El pueblo no perdonó a Calles y a Díaz Ordaz porque no salieron limpios de sangre. "Esa gente buena del pueblo que todavía aplaude y saluda cuando pasa el presidente" creyó en él, de modo espontáneo, aún antes del Informe.

Le faltó firmeza en el manejo de la crisis, al menos desde la caída de los precios petroleros. Una cosa es la cólera y otra la firmeza: sus reacciones inquietaron, no convencieron. Más tarde, el presidente no midió su fuerza e incurrió en la depresión y en la autodevaluación. Sin estar acorralado por la historia, imaginó estarlo. No apreció a tiempo que en México, desde que es México, el presidente tiene un poder inmanente similar al de la Virgen de Guadalupe. Olvidó sus aciertos, sintió quizá que todo el edificio de grandeza se podía desmoronar, temió el veredicto de la posteridad en sus descendientes y, por momentos, muchos pensaron que perdía el timón.

Debió de sentirse solo, como tantas veces dijo. La realidad es que no lo estaba tanto. En las elecciones del 4 de julio de 1982 no vio más que un "hermoso espectáculo". Fue algo mejor y distinto: la expresión democrática del pueblo. En la calle, a pesar de la crisis, la vida seguía, aunque la clase media y la trabajadora sentían frustración, tristeza y desconcierto. Hubo algunas señales de pánico. No muchas ni generalizadas. Alguien le prescribió una medicina eficaz e instantánea para él y para el país, un despertar mágico que convirtiera el pasado inmediato en una pesadilla atroz y superada. Un solo golpe de timón lo arreglaría todo. Un sexenio de tres meses comenzaría el 1 de septiembre, en el cual el país se reconstruiría y la figura histórica del presidente alcanzaría la gloria que todos los presidentes, absolutamente todos, anhelan. La gloria histórica, la presidencia perpetua.

De haber prevalecido la humildad y la inteligencia, no la pasión, el presidente habría decretado mucho antes medidas pertinentes de auténtico realismo, sensibilidad e incluso de fuerza. Se habría contenido la hemorragia de la desnacionalización. Se habría pagado en parte la deuda y evitado el descrédito financiero internacional. Pero ya pasadas las elecciones, a tres meses del cambio de poderes, su deber histórico era aliviar el tránsito hacia el 1 de diciembre. Ésa era la tradición mexicana. Cárdenas, popular en 1938, se tragó la píldora de su relativa y fugaz impopularidad un año después: designó un presidente moderado y contrario a sus más íntimas convicciones y lo protegió hasta el final. A partir de esa renuncia al "cardenato", Cárdenas guardó un silencio que no le restó influencia y que engrandece su figura sobre todos los presidentes mexicanos. Rehusarse a convertirse en Jefe Máximo, no sólo en el periodo presidencial siguiente sino en el traslape con el destapado, ha sido una constante del sistema. Cuando Echeverría fue a la Universidad Nicolaíta y guardó un minuto de silencio por los muertos de Tlatelolco, Díaz Ordaz no movió un dedo a pesar del consejo en contra de García Barragán. Por testimonio de López Portillo se sabe que, en circunstancias similares, y con la carta del petróleo, Echeverría se plegó a algunas condiciones expresas de López Portillo.

¿Las medidas del 1 de septiembre rompen la tradición? Seguramente sí. Aliviar el tránsito, y aun encauzarlo, no habría implicado inmovilidad o silencio sino prudencia y firmeza, alas y plomo. Era necesario que el presidente señalara el motín de los "sacadólares" y diera las cifras terribles que dio. Pero para esa reivindicación fundamental habría bastado el control de cambios —si bien con modalidades adecuadas a nuestra circunstancia— y un vasto proceso judicial, por la vía fiscal —en su caso—, o la responsabilidad civil, contra "sacadólares" públicos y privados. De haber sido consistente con la tradición de estafeta presidencial, López Portillo habría limitado su última comparecencia a una firme, valiente y efectiva vindicación nacional sin "sobrecalentar" la política y la economía.

Reparado en principio el agravio nacional y cerradas las válvulas de escape, lo urgente habría sido tomar medidas que prepararan el terreno para la austeridad que tendrá que venir si los mexicanos queremos seguir viviendo de cara al mundo y en un régimen de libertad. De haber sido fiel a la tradición, el presidente habría renunciado a "la fácil tentación populista" —la frase es suya—. Y, lo que es decisivo, se habría rehusado a levantar expectativas económicas y políticas que el gobierno futuro —ya sin la carta petrolera— no podrá cumplir sin una cuota mayor de sufrimiento e impopularidad.

PSICODRAMA NACIONAL

En la gran movilización política que siguió a la nacionalización de la banca algunos profetas han visto una vuelta al origen del México verdadero. La verdad es un poco distinta: quien volvió a su origen no fue México sino el presidente López Portillo. Todo el país ha debido jugar un papel en este periplo personal.

Con el cardenismo hay un cierto paralelo, aunque no exclusivo de ese periodo. Desde el 1 de septiembre México presenció la renovación de un pacto tan viejo como la Casa del Obrero Mundial entre dos entidades que reclamaban para sí el monopolio exclusivo de la mexicanidad: el Estado y la gran pirámide sindical. Por otra parte, sin haber, como en 1938, un enemigo externo, presenciamos una renovada inducción vertical de nacionalismo. Este celo puede ser peligroso. Orwell decía que el patriotismo suele ser un acto defensivo. Una devoción. En cambio, el nacionalismo es siempre voluntad de poder.

Aquí terminan los paralelos. Hay también muchas novedades ominosas. Un populismo que, como todo populismo, tiende al desenfreno demagógico y, lo que es más grave, un culto a la personalidad desconocido en México y ajeno a la adusta moral cardenista. Casi un peronismo.

Los 20 millones de votos del 4 de julio fueron votos espontáneos y dan fe de un acto democrático. El millón de personas que concurrieron al Zócalo fueron en su mayoría acarreados y dan fe de un acto de populismo. Parecía que el presidente López Portillo buscara recuperar el tiempo perdido, como si estuviera en campaña. El destapado de sí mismo. Las medidas que tomó acrecientan su poder personal y el del grupo político que lo acompaña en este último trecho.

A nadie asusta la estatización del crédito en un país como Francia, donde existe toda suerte de contrapesos y vigías para su marcha eficiente y controlada. En Francia no hay riesgo de desembocar en un Estado corporativo o con tonalidades totalitarias, porque existen partidos vivos, representativos e independientes, porque hay un Poder Judicial ajeno al Ejecutivo, una prensa libre, plural e intelectuales. Hay, en suma, una sociedad civil con voz y voto, cuya principal vocación es la democracia. En México existe también una sociedad civil con esa misma vocación, pero no hay diques que contengan la irresistible inundación estatal. En México no hay opinión independiente porque el Estado ha integrado todos los disentimientos. Si hay un dogma común al intelectual, al diputado, al jurista ideológico en este país, es el dogma de la preeminencia ontológica del Estado sobre la sociedad civil: la estatolatría. El Estado patrimonialista es la nación. Así, aunque más de 20 millones de mexicanos voten, un estentóreo *yo* por parte del Estado provoca la inmediata caravana de la corte.

Nada de esto significa una defensa de la banca privada. Lo que ha ocurrido es hasta cierto punto natural: la burocracia madre absorbe burocracias afines. Lo que preocupa es el avance del capitalismo burocrático centralizado. Y mucho más preocupa el tono agresivo e intolerante del nuevo nacionalismo estatal. Es contrario a una vida pública y económica sana y responsable porque puede deprimir la iniciativa individual y social de los mexicanos, porque puede favorecer una mentalidad becaria y servil, porque puede fortalecer al Estado a tal punto que, con un leve giro, anule las libertades.

Reconstrucción

El presidente tenía razón: hay que reconstruir el país, pero no en tres meses sino en una década o más. México deberá hacer frente a una deuda enorme, rehacer su crédito internacional, replantear el modelo de desarrollo teniendo

en cuenta al sector tradicional y no piramidado (el verdadero México pobre), proponerse metas asequibles e iguali-
tarias, trabajar con realismo, austeridad y eficacia. Quedan
recursos humanos y materiales suficientes para crear ese
México "modesto pero equilibrado, sano y feliz, que viviera por tercias partes de su agricultura, de su industria y
de su minería".

A la condena nacional contra los "sacadólares" debería
seguir —en buena lógica— una condena nacional contra
los corruptos. La sociedad apoyaría con entusiasmo una
amplia acción judicial contra los funcionarios enriquecidos.
Es una curiosa paradoja que la Constitución otorgue fuero
y protección a los jeques políticos: los artículos del 108 al
114 provienen de la Constitución de 1824 y de la de 1857,
y todos son de clara inspiración anglosajona (para esto sí
somos liberales). Nuestra Ley de Responsabilidades es más
bien una ley de impunidad. Pero aun dentro del marco
frágil de esos artículos cabe un juicio escrupuloso, amplio
y rápido.

A partir de un nuevo ciclo, el Estado tendría que intentar lo más difícil: construir sus propios límites y profundizar
la reforma política. La lista de metas es larga: auténtica autonomía municipal y auténtico federalismo; una Cámara
de Diputados donde los representantes ejerzan, así sea páli-
damente, la independencia de los liberales de la Reforma y
vigilen el gasto público (una lectura de *La República Restaurada* de Daniel Cosío Villegas ayudaría mucho); una prensa
profesional, plural, que informe sobre los hechos, no que

los fabrique; medios de comunicación plurales que instru-
yan, informen; intelectuales que no confundan el homena-
je y la protesta con el análisis y la crítica y que aprecien más
la verdad que el dogma o la chamba. Un Poder Judicial
—pieza clave— absolutamente independiente, que destie-
rre la increíble manía del besamanos presidencial y sirva de
auténtico vigía y valladar de la burocracia pública. Una
presidencia firme, inteligente y conciliadora; un liderazgo
ético que afirme la fe en México sin caer en la xenofobia y
el enclaustramiento; que busque la igualdad efectiva y no
simbólica; que ejerza un plebiscito cotidiano a todo lo largo
del país. Un presidente que, sobre todas las cosas, gobierne,
en verdad, con el ejemplo.

REENCUENTRO

En 1946 Cosío Villegas escribió:

> México principiará por vagar sin rumbo, a la deriva, perdien-
> do un tiempo que no puede perder un país tan atrasado en
> su progreso, para concluir en confiar sus problemas mayo-
> res a la inspiración, la imitación y la sumisión a Estados Uni-
> dos, no sólo por vecino, rico y poderoso, sino porque ha
> tenido un éxito que nosotros no hemos sabido alcanzar [...]
> México no tendrá otra salida que alcanzar el "dominio y la
> dicha de quien labra su propio destino" [...] las tenden-
> cias políticas e ideológicas estatistas —vestidas con la piel de

oveja del nacionalismo— han arrasado la identidad de pueblos enteros. Se puede disentir de la estatolatría que usurpa el nombre del socialismo y seguir creyendo en la posibilidad de una sociedad libre, justa y solidaria.

La zalamera corte de estatistas mexicanos haría bien en preguntarse por su propio papel: no representan la medicina sino la enfermedad.

Sobre el profundo subsuelo indígena, dos corrientes paralelas recorren el alma mexicana: la conservadora y la liberal. En el siglo xx nos alcanzó un nuevo y poderoso afluente: el de la justicia económica y social. En una crisis como ésta deberíamos volver naturalmente al pasado. Es nuestra fuente de sabiduría. Si sabemos reconocerlo, lo hallaremos hoy mismo en la calle, en la cultura e identidad de los millones de mexicanos que no tienen voz. Nada firme construiremos sin contar con ellos, sin escucharlos. De ahí que nuestra única alternativa de reconstrucción deba partir de la sociedad civil que atesora el pasado. De ahí que nuestra única opción histórica sea respetar y ejercer la libertad política, el derecho y, sobre todas las cosas, la democracia.

Por una democracia sin adjetivos

(1984)

... la luz de la experiencia es una linterna en el timón
que brilla sólo en las olas que están ya tras de nosotros.

COLERIDGE

EL AGRAVIO

El país abriga un agravio insatisfecho. Su origen es la irresponsabilidad con que el gobierno dispuso de la enorme riqueza que pasó por sus manos entre 1977 y 1982. Sabe que fue una oportunidad de desarrollo rara y quizás irrepetible, como no se ha presentado a ningún otro país latinoamericano. Presiente que con la oportunidad se fue también, por un largo tiempo, la posibilidad de un progreso sano, armónico y destinado a aliviar sus problemas ancestrales: la desnutrición, la desigualdad, la insalubridad, la pobreza. Su conciencia de la pérdida es más aguda porque entrevé que la caída no era inevitable —como lo fue alguna vez la del henequén—, sino el resultado de fallas humanas. Admite que errar es de humanos, pero no en esas proporciones. La sensación de haber sido víctima de un gran engaño, las evidencias de la más alucinante corrupción, la abrupta y continua fluctuación de expectativas, todo ello y el sacrificio cotidiano e incierto que impone la crisis se ha enlazado hasta formar un nudo difícil de desatar; un nudo hecho de azoro, arbitrariedad, cinismo, depresión, angustia y, sobre todo, incomprensión. Lo malo es que los agravios no desaparecen por ensalmo. Pertenecen al reino natural de las pasiones, no al de la razón.

Dos palabras expresan la actitud del nuevo régimen: *austeridad* y *realismo*. Desde un principio De la Madrid prometió no prometer lo imposible. Fue muy claro en su diagnóstico del mal por vencer —la inflación— y en advertir que la medicina que suministraría al paciente —en la sala de urgencias— sería durísima. A su juicio, y al de muchos otros mexicanos, no había ni hay alternativa. Pero la pertinencia de la cura o el valor del cirujano no alivian la carga de incomprensión acumulada ni satisfacen el agravio. En su discurso del 1 de septiembre, el presidente definió nuestra situación, casi sin metáfora, como una economía de guerra. La paradoja es que, en efecto, se trata de una metáfora. Los alemanes que padecieron la terrible inflación durante la República de Weimar sí habían vivido una guerra y podían señalar a los responsables reales o ficticios de sus desventuras. En México, en cambio, hasta el campesino más humilde escuchó la prepotente publicidad del "oro negro para todos" seguida, poco tiempo después, por un mensaje diametralmente opuesto: vivimos una economía de guerra. Y todo esto sin que mediara una explicación pública sobre las causas del desastre o una admisión de responsabilidades.

El agravio arroja una sombra de desconfianza sobre los regímenes herederos de la Revolución. Es muy probable que las tensiones se alivien a medida que se abata la inflación y la economía reaccione. Todos lo esperamos. Pero todos sabemos también que la salida de la crisis no es inmediata y que sus dimensiones políticas persistirán por largo tiempo. Ahora bien, a diferencia de lo que ocurrió después del 68, el gobierno, objetivamente, no está ya en posibilidad de integrar a los agraviados o a los políticamente activos. ¿Cuáles son las alternativas?

El gobierno tiene un as olvidado en la manga desde la presidencia de Madero: la democracia. Ha sido un ideal revolucionario relegado para otros fines igualmente válidos pero distintos: el bienestar económico, la justicia social, la afirmación nacional, la paz y la estabilidad. Siempre existen argumentos para limitar, posponer o desvirtuar la democracia. Siempre es demasiado tarde o demasiado temprano. Siempre hay una tarea prioritaria, una estructura que no es prudente remover, un tigre que es peligroso despertar, una supervivencia cultural imposible de superar. Siempre rondan los fantasmas del caos, la desintegración nacional.

Sin embargo, la lección histórica es clara. Las sociedades más diversas y las estructuras más autoritarias descubren, sobre todo en momentos de crisis, que el progreso político es un fin en sí mismo. Confiar en la gente, compartir y redistribuir el poder es la forma más elevada y natural de desagravio. Así lo atestiguan la vuelta a la República francesa en 1871, el establecimiento de regímenes libres en Italia, Japón y Alemania al finalizar la Segunda Guerra Mundial y en España a raíz de la muerte de Franco. Para alcanzar el progreso político, sólo se tiene una invención probada: la democracia. "Mal sistema", decía Churchill, "salvo en un sentido: todos los demás son peores".

No sólo los veneros del petróleo nos llevaron a la tormenta y la crisis. También los vicios y costumbres que, en el gobierno y la sociedad, han bloqueado nuestro progreso político. Son los mismos que ocultan una oportunidad de desagravio, madurez y responsabilidad no menos preciosa que la que se perdió en 1982: la oportunidad de la democracia.

El péndulo detenido

De su paciente lectura del vizconde Bryce —aquel agudo observador de la vida política— Daniel Cosío Villegas sacó en claro una fórmula para México: a la democracia por el agravio. Lo resumía de este modo:

Nosotros —ni "predestinados" a la democracia, como Estados Unidos; ni con el genio creador teórico de Francia; ni con la paciencia inglesa, que acumula infinitas pequeñas experiencias para aprovecharlas— hemos alimentado nuestra marcha democrática bastante más con la explosión intermitente del agravio insatisfecho que con el arrebol de la fe en una idea o teoría, lo cual, por sí solo, ha hecho nuestra vida política agitada y violenta, y nuestro progreso oscilante, con avances profundos seguidos de postraciones al parecer inexplicables.

Esta reflexión condujo a Cosío Villegas a una teoría pendular para explicar las corrientes profundas de nuestra vida política. Aunque no desarrolló esta teoría lo suficiente, sus ideas admiten una extrapolación histórica a partir de la Independencia. En nuestro origen está el agravio que los españoles infligían a la población mexicana. La Independencia incuba en 1821 un nuevo agravio: el de las estructuras coloniales sin la presencia directa de España. La democracia avanza liberándose del legado español, de los fueros de la Iglesia y del ejército. Con la Constitución de 1857, el péndulo marca la hora que soñaron Morelos y los constituyentes de 1824. Fue un infortunio histórico que los conservadores y la Iglesia no leyeran en el reloj de los tiempos la oportunidad de fincar —como otros países latinoamericanos— los cimientos de un juego de partidos. Acudieron a la fuerza. En 1867 la guerra se resolvió eliminándolos del escenario y condenándonos al unipartidismo.

Por nueve años (1867-1876), durante las presidencias de Benito Juárez y Sebastián Lerdo de Tejada, México ensayó una vida política a la altura de los países europeos o Estados Unidos. No había partidos sino facciones dentro del grupo liberal, pero existía una verdadera división de poderes, un respeto fanático —¿y qué otro cabe?— por la ley, soberanía plena de los estados, elecciones sin sombra de fraude, magistrados independientes y una absoluta libertad de opinión que se traducía, hasta en los más remotos pueblos del país, en una prensa ágil, inteligente y combativa. Los hombres amaban la libertad política. Los definía más el patriotismo que el nacionalismo. No eran indiferentes a los males económicos o sociales, pero desconfiaban de las soluciones autoritarias para aliviarlos.

En 1876, el golpe de Estado de Porfirio Díaz cambió nuevamente la posición del péndulo y puso fin a la arcadia republicana. ¿A qué o a quién atribuir el fracaso? En política quizás es difícil quemar etapas y la república había sido una edificación en el vacío: "A una vida política sana, robusta y libre, no correspondía una economía vigorosa o siquiera ágil y despierta". Porfirio Díaz archivó el progreso político sin dejar, en teoría, de venerarlo. Los ferrocarriles y las inversiones extranjeras relegaron la vida política al museo de los ideales. Díaz no olvidó su raigambre liberal, pero pensó que la democracia era un fruto del progreso material. Su largo régimen instauró muchos de los vicios políticos que aún padecemos: la centralización, la cooptación, el disimulo, el suave ahogo de los otros poderes. Durante cerca de 40 años, bajo el brillo fácil de la *belle époque*, se incubó un nuevo agravio.

Madero se levantó en armas para desagraviar políticamente a México y restablecer los preceptos democráticos de la Constitución de 1857. En plena campaña leía las *Memorias* de Lerdo de Tejada y sentía una veneración generosa e inteligente por los hombres de la Reforma. Desde antes de llegar a la presidencia y, más claramente, ya en ella cuidó de cumplir con escrúpulo todas las reglas de la democracia. Por un periodo aún más breve que el de la República Restaurada, el péndulo volvió a alcanzar altura. Nunca como en la época de Madero fue tan real la vida de los partidos. Pero las clases dirigentes del país no estaban preparadas para la restauración constitucional. La libertad las ahogaba. Los propios órganos que habrían debido apuntalarla —prensa, legisladores, intelectuales, magistrados— prepararon el gatillo de Victoriano Huerta.

Viejos agravios regionales y nacionales, económicos y sociales se conjugaron con el agravio mayor de la muerte de Madero. El resultado fue la mayor explosión de nuestra historia: la Revolución. La Convención de Aguascalientes o la idea de convocar a un congreso constituyente no se entienden sin el agravio político. Interpretar la Revolución sólo a la luz de sus componentes de clase es pasar por alto la chispa liberal que la provocó y la tradición que siguió viva muchos años después del triunfo sonorense.

El delahuertismo merece un pequeño lugar en la historia del péndulo. Su propósito de fondo era volver a la política de plaza, no de palacio. Cuatro años después de la derrota delahuertista, Obregón les dio la razón a sus vencidos adversarios liberales: intentó reelegirse. A sus allegados solía decirles que el único defecto de Porfirio Díaz había sido envejecer. Sólo el magnicidio pudo librarnos del cesarismo. León Toral consumó el segundo de los términos del ideal de Madero: "Sufragio efectivo, no reelección".

Vasconcelos tuvo en 1929 la oportunidad de poner en movimiento el péndulo. Si, en vez de jugarse el todo por el todo a la carta presidencial, hubiera atendido al consejo de algunos amigos, habría visto que la derrota política de su campaña era también una victoria moral que abría la posibilidad de fundar un partido político. México habría tenido, quizá, dos partidos modernos: el Partido Nacional Revolucionario (PNR) —el partido de los militares revolucionarios, centralista y estatizante— y, junto a él, un partido liberal, civilista, federalista y maderista.

¿Se trataba de un auténtico progreso político? Sí en relación al siglo de violencia, pues había erradicado la política de la pistola. No en cuanto a las potencialidades de madurez y responsabilidad que simbolizaban los liberales de la República Restaurada. Había triunfado el regateo privado, no la democracia. Después de dar —tras 70 años de regímenes militares— el paso fundamental al civilismo, Alemán detuvo totalmente el péndulo con argumentos similares a los del porfirismo. México no debía aspirar a formas superiores de vida política. No había necesidad. La Revolución Institucional haría justicia a todos, con la única condición de que todos se acogieran a su buena sombra. Cegados por la llamarada industrial de la posguerra, políticos e intelectuales olvidaron, casi sin excepción, el legado de Madero y del siglo XX. De nueva cuenta el progreso político —incluso dentro del propio PRI— se posponía a cambio del crecimiento industrial. El PAN y el Partido Popular Socialista (PPS), cada uno a su manera, compartieron el optimismo de la *belle époque* priista. Gómez Morin esperaba el apoyo de los industriales de Monterrey como Lombardo Toledano el de la CTM. Pero industriales y obreros apostaron a otra carta partidista: la gubernamental, el PRI.

Desde los años cuarenta hasta 1968 México vivió, en lo político, un porfirismo remozado cuyos perfiles se perciben hasta nuestros días. Las elecciones locales y estatales siguen siendo, en ocasiones, tan fraudulentas —y los candidatos tan ajenos e impopulares— como en tiempos de don Porfirio. La federación ha estrangulado a los estados y a los municipios en una medida mayor que la del porfiriato. La división de poderes es casi siempre formal, como lo fue entonces. Las libertades no han crecido tanto como quiere la leyenda, salvo en el caso del derecho de huelga. Nuestros diarios son menos profesionales, menos objetivos, menos críticos y, en términos relativos, menos leídos que los diarios de fin de siglo, aunque, eso sí, mucho más aburridos. (¿Dónde está el bisnieto de *El Ahuizote*?) Ni siquiera en política exterior podemos jactarnos: Díaz ayudó a Nicaragua y buscó en Europa y Japón el contrapeso al *big stick* norteamericano. Las palabras de Emilio Rabasa en defensa de la dictadura hubieran podido describir nuestra democracia adjetivada, nuestra democracia formal: "[El régimen de

Díaz guardó siempre] el respeto a las formas legales [...] para mantener vivo en el pueblo el sentimiento de que sus leyes, si no eran cumplidas, eran respetadas, y estaban en pie para recobrar su imperio en época no lejana".

Se dirá que la reforma política ideada por Reyes Heroles e instaurada por López Portillo interrumpió la continuidad neoporfirista. En buena parte es cierto. Hace quince años, la izquierda mexicana no tenía más salidas políticas que el lombardismo, el autismo o la sierra de Guerrero. Era absurdo e injusto no reconocerla. Hoy la representan cuatro partidos en la Cámara de Diputados, algunos grupos fuera de ella y varios órganos de opinión influyentes que circulan con una libertad conquistada por ellos e impensable en los años sesenta. Es, sin duda, un importante avance democrático. Con todo, la reforma política ha sido, hasta ahora, más un movimiento de integración que un movimiento inverso —maderista— de cesión de poder a la sociedad.

Lo decisivo es que, a los ojos de un amplio sector de la población, el agravio provino precisamente del gobierno. El crecimiento sobrehumano de la silla presidencial a partir del alemanismo había vuelto a inocular en el mexicano las llagas que en 1908 señaló Madero; llagas que no impidieron, dos años más tarde, el estallido revolucionario: la corrupción de ánimo, el desinterés por la vida pública, un desdén por la ley y una tendencia al disimulo, al cinismo, al miedo. Pero los extremos de despotismo, demagogia, corrupción e irresponsabilidad que el país padeció en los últimos quince años han trasmutado esa aparente pasividad en resentimiento, en "rencor vivo". El proceso se aceleró en el sexenio de José López Portillo. Ante la perpleja mirada de los mexicanos, el gobierno escenificó una regresión que pasó sobre el México posrevolucionario, esquivó la Revolución, remontó el porfiriato, disimuló la Reforma y la República Restaurada y se instaló, impunemente, en el oropel de mediados del siglo pasado. Se reanudaron en el Palacio las fiestas y los bailes por orden de su alteza serenísima José López Portillo.

Aunque la opinión pública sabe que sería injusto e inexacto atribuir a López Portillo toda la culpa de la tormenta y la crisis, a estas alturas nadie ignora la gran magnitud de su responsabilidad y, menos aún, los extremos fabulosos de nepotismo y corrupción que imperaron en su régimen. Con López Portillo culminó la sacralización de la presidencia. El Poder Legislativo se construyó un palacio diseñado no para la deliberación sino para el culto a la persona del Ejecutivo. El Poder Judicial observó impasible el saqueo, declarando una y otra vez su solidaridad irrestricta con el presidente. La prensa, la doctrinaria y la comercial, la de derecha y la de izquierda, se cuidó de no tocar al intocable. Los grupos de presión adoptaron también los métodos cortesanos. Los miembros del gobierno —conscientes, muchos de ellos, de los errores y malos manejos— se aferraron heroicamente a sus puestos: la muerte antes que la renuncia. Todo esto al tiempo en que una familia tomaba al país como patrimonio.

La falta de límites a la silla presidencial ha llegado al extremo, y la sociedad —o el tigre, si se quiere— comienza a despertar. ¿Qué hacer? Antes que nada, reconocerlo. Porfirio Díaz fue un excelente lector del mapa político hasta que en 1908 dejó de advertir los reacomodos de la sociedad. Es cierto que ningún movimiento actual se asemeja al reyismo, pero los reacomodos existen para quien quiera leerlos. En muchos poblados del sur y del centro, anclados en el México viejo, es común encontrar un alto grado de politización local. En esos lugares la opinión se muestra resueltamente adversa a los manejos oficiales. Los sociólogos citadinos minimizan estas corrientes políticas populares o simplemente no las ven. Ignoran que la gente puede no saber leer, pero sabe quién la gobierna y quién le roba. En los estados del norte del país hay un reclamo generalizado de autonomía relativa que se expresa en las elecciones, en la fuerza de la prensa regional y en otros muchos ámbitos. Hay quien ve en estos signos una amenaza contra la nacionalidad, una estrella naciente en la bandera yanqui y otras catástrofes similares. Lo más probable es que se trate, sin más, de un vasto movimiento político en formación.

Una vez más, como en 1908, la sociedad, las generaciones, las ideas y la geografía política están cambiando. Porfirio Díaz no lo ignoró —la entrevista con Creelman así lo indica—, pero prefirió la inmovilidad a la reforma profunda. En vez de restablecer la vida constitucional, en vez de reconocer el decaimiento de su régimen, en vez de educar políticamente al tigre, creyó que no despertaría. Quiso detener indefinidamente el movimiento del péndulo democrático y pagó con su régimen por ese agravio.

UN ESPEJO DISTANTE

En 1980 pasó por México el famoso historiador francés Emmanuel Le Roy Ladurie. Una de sus grandes cualidades ha sido la atinada comparación de circunstancias distintas y distantes, el viajar libremente por los tiempos y espacios históricos buscando ecos y resonancias, lecciones y advertencias. Hablando de México trazó un paralelo sorprendente: le recordábamos a la Inglaterra del siglo XVIII. Le Roy Ladurie no se refería a nuestro desarrollo industrial o a nuestra riqueza —enorme, por lo demás, en ese momento— sino a nuestra estructura política. Tiempo después, Rafael Segovia comentaba que la corrupción política en México le recordaba a la inglesa del siglo XVIII y para ello hacía referencia a un libro revelador: *The Structure of Politics at the Accession of George III*, de Sir Lewis Namier. Es obvio que aquel Estado inglés, instrumento de la clase terrateniente, era de una naturaleza y una dimensión muy distintas de las del Estado mexicano. Pero cambiando lo que hay que cambiar —que es casi todo— hay un cierto paralelo en el funcionamiento de los dos sistemas. Francia, España e Italia son culturas mucho más cercanas, pero lo importante en este caso no son sólo las semejanzas sino las palancas de progreso. En esto la Inglaterra del siglo XVIII puede ser, en efecto, un espejo remoto y aleccionador.

Habían quedado atrás las grandes querellas, el derecho divino de los reyes, la revolución, las guerras civiles y religiosas y, en palabras del Ricardo II de Shakespeare, "las tristes historias de reyes derrocados, abatidos por la guerra, perseguidos por los fantasmas de quienes habían depuesto [...] todos asesinados". En el siglo XVIII Inglaterra comenzó la era de la estabilidad política. Purgados y sin fuerza, los conservadores —*tories*— permanecerían silenciosos por seis largos decenios, los mismos que duró el régimen de partido único: la vasta supremacía *whig* (1725 a 1782). En aquella época, explica Namier, antes que los negocios, los hombres preferían el negocio del Parlamento. "Estar fuera del Parlamento es estar fuera del mundo", escribía un almirante a un lord en 1780. Era famosa la institución del *Secret Service Money*: esto es, la mordida. Un puesto en el Parlamento *whig* no era un fin en sí mismo sino un medio para hacer enormes fortunas, para "servir a los amigos", para tener una tajada en la nómina civil, para avanzar en la escala profesional, para obtener préstamos, mercedes, prebendas, contratos, recomendaciones, amparo de la justicia y, en general, como escribió un contemporáneo, *quelque chose de par le roi*.

El sistema electoral era antielectoral: "Las elecciones libres son perjudiciales. Debe evitárselas siempre que sea posible". En los "burgos podridos", una minoría de terratenientes manipulaba las votaciones a su voluntad. El vasto sistema de patronazgo y corrupción (*the old corruption*) deterioró incluso a las venerables universidades de Oxford y Cambridge. Se prostituían las becas universitarias. "En lugar de ser centros de instrucción y estudio", escribe G. M. Trevelyan, "eran establecimientos monásticos diseñados para la comunidad de los clérigos becarios". Gibbon lamentaba sus años en Oxford: "El espíritu dogmático es angosto, perezoso y opresivo" (como en México). Hacia 1780 parecía difícil cambiar un sistema que había durado 65 años. Trevelyan escribió: "Una vez establecido, un sistema de corrupción parlamentaria se torna cada vez peor, en especial cuando toca y afecta cada estrato de la pirámide política, desde el primer ministro hasta el más insignificante de los votantes. Para destruirlo se requiere una voluntad política de tal magnitud y sinceridad que logre desviar las energías de los hombres hacia un verdadero propósito político".

El momento del cambio llegó después de que Inglaterra perdió las colonias americanas. Una enorme deuda pendía sobre el imperio. La voluntad política de la que hablaba Trevelyan provendría del gobierno y de la sociedad. Cada cual haría su parte. Vale la pena detenerse en tres rasgos esenciales.

La parte del gobierno era gobernarse a sí mismo, poner la casa en orden. Esta reforma tuvo varios capítulos. Uno de ellos fue la *Economic Bill* propuesta por una facción de los *whigs*. Fue obra de Edmund Burke (el gran reformador que, por serlo, condenó la Revolución francesa). Su discurso ante el Parlamento en 1780 parece escrito para nosotros. "Es vital —escribió— aceptar el cambio y encontrar el modo de ceder lo que es imposible seguir manteniendo", a lo cual añadía una larga lista de despilfarros y corruptelas. Burke proponía la creación de una "Superintendencia General de la Economía" (equivalente a nuestra Contraloría) que vigilara la aplicación honesta y racional del gasto. Entre las aboliciones que discurrió estaban: los feudos que no producían ingresos sino influencias, las empresas improductivas de la Corona, las jurisdicciones que sólo servían para oprimir o extraer ventajas. El enorme aparato de la Corte debía limitarse. Adiós a los aviadores, los contratistas políticos, los traficantes de pensiones, los galopines del rey que eran intocables por ser... miembros del Parlamento, los lambiscones, bufones, cuenteros, y a todos los privilegios de la nobleza que, incrustada en el Parlamento, prosperaba a costillas del erario.

Aparte de elevar a rango jurídico sus ideas, Burke propuso instaurar un servicio público de carrera —administración despolitizada—, una paga justa a los servidores civiles y, lo que era fundamental, una reforma al Poder Judicial. Los jueces, escribió, deben desvincularse por entero de la esfera política. Para ello hay que pagarles bien. "La justicia pública es lo que mantiene unida a la comunidad. La independencia de los jueces debe estar por encima de cualquier consideración."

Un segundo acto de voluntad política requirió la cooperación, la confluencia de sociedad y gobierno. Fue la lenta germinación de los partidos políticos. Para la mentalidad del siglo XVIII, la auténtica política partidaria era impensable y absurda. El doctor Johnson la tenía por un mal menor, pero un mal al fin. Pope, el poeta, escribió con desprecio hacia 1714: "El espíritu partidario [...] en su mejor instancia no es sino la locura de los muchos para la ganancia de los pocos". Y Macaulay lo resumió todo en este estribillo: "then none was for the party / then all were for the state...".

En Inglaterra, durante el siglo XVIII, a pesar de que las palabras *tory* y *whig* eran comunes, no puede hablarse propiamente de una lucha de partidos. El *whig* no era un partido sino un partido único, un partido-Parlamento, un partido-gobierno, un PRI. El Parlamento era un cuerpo al que no se llegaba por una lucha electoral, sino por un sistema clientelar. El rey era la autoridad suprema a quien se debía la suprema lealtad. A fines del siglo XVIII comenzaron los cambios. Burke escribió, nostálgico todavía de los tiempos de unidad: "Las divisiones partidarias son —para bien o mal— inseparables de un gobierno libre". Las guerras napoleónicas (1799-1815) introdujeron un largo paréntesis en la política inglesa, pero al cabo de ellas surgieron nuevas demandas y nuevos reacomodos. La obsesión de las clases dirigentes era evitar la revolución introduciendo reformas. Y el reloj político avanzó.

En 1832 se introdujo la gran reforma política que abrió el Parlamento a un sector de la clase media y a la nueva burguesía industrial y comercial, a costa de la aristocracia terrateniente. Es el año que marca el nacimiento de la política partidaria. La mentalidad había cambiado. Ahora la voz cantante era la de Disraeli: "Al demonio con los principios: aférrese a su partido":

Sostengo que es enteramente imposible llevar a buen fin una constitución sin partidos políticos. Digo que deben existir principios distintos que sean guías de conducta para los hombres públicos [...] pero sobre todas las cosas es necesario mantener la línea de demarcación entre los partidos. Sólo con partidos independientes pueden ser íntegros los hombres públicos. Sólo con partidos independientes puede el Parlamento conservar su influencia y su poder.

El tránsito a la política partidaria requirió la más delicada sensibilidad política. Había que buscar reformas que evitaran el derramamiento de sangre. Cierto que hasta el siglo xx se introdujo el pleno sufragio universal, pero también lo es que la reforma de 1832 no fue sólo una demanda burguesa sino de toda la sociedad. 1832 fue el año de la revolución pacífica en Inglaterra, una revolución cuyos postulados y componentes de clase no diferían mucho de la de 1789 en Francia. Gracias a ella, Inglaterra evitó el círculo vicioso de revolución y reacción.

Por parte del gobierno —conservador o liberal— el progreso político consistió en anticipar, reconocer, sancionar y proteger los reacomodos sociales y políticos dándoles voz y voto: sindicatos, nuevas masas electorales, etcétera. Por parte de la sociedad, de los burgueses a los obreros, de los disidentes religiosos y políticos a los cartistas, el progreso consistió en ejercer una presión organizada sobre el gobierno. Algunas veces esta dialéctica llevó a la violencia y la represión, pero el progreso político fue claro: la sociedad aprendió poco a poco a gobernarse a sí misma a través de los partidos. Con la competencia entre partidos desapareció definitivamente la corrupción. Proceso admirable pero difícil. Namier lo describió con perfecta concisión: "Las ideas políticas y los partidos son cuerpos de avance lento. El gobierno parlamentario, sistema sabio como es, no nació a la manera de Palas Atenea".

La tercera palanca del progreso político fue la prensa. Aquí toda la voluntad fue de la sociedad. El gobierno no tuvo voz ni voto. Durante casi todo el siglo XVIII predominó, con altas y bajas, la censura: "Las publicaciones cuyo objetivo sea criticar al gobierno se considerarán libelos y como tales se castigarán". Contra esta legislación, antes de que aparecieran los grandes diarios (el *Times* nace en 1785), lucharon los grandes escritores políticos. Daniel Defoe publicaba su *Review* a principios del siglo XVIII; Addison quería "sacar la filosofía de los gabinetes para llevarla a los clubes y salones". A pesar de la censura y del oneroso impuesto del timbre, los escritores siguieron haciendo política... por escrito. La lista es extensa: Swift, Fielding, el doctor Johnson, Walter Scott, Coleridge, Dickens. Casi no hay excepciones.

La prensa fue la mayor escuela de educación política —Montesquieu se sorprendió al ver obreros leyendo periódicos—. Fue también un factor dinámico: enfrentaba al Parlamento y la Corte, se permitía satirizar al rey, mantenía una mirada vigilante sobre la vida pública. Un escritor contemporáneo solía decir: "Si en el futuro alguien quiere conocer la civilización actual no necesitará ver ferrocarriles o edificios públicos: le bastará un ejemplar del *Times*".

La sociedad requería, más que representantes en el Parlamento, ejecutores en el ministerio o la judicatura. Requería un poder propio que vigilara a los otros tres. Un órgano que volviera público el regateo privado. Fue Burke quien acuñó la famosa frase sobre los periodistas: "Ustedes son el cuarto poder".

Cuando la Revolución industrial apareció en el horizonte, la pérfida Albión, vacunada contra el despilfarro, llegó a la cita con toda puntualidad. Había puesto su casa en orden mediante una cuidadosa relojería política: límites autoimpuestos en el gobierno, una sana vida de partidos y una prensa que llevaba la independencia al fanatismo. Inglaterra no fue rica antes que democrática. Fue democrática antes que rica.

EL RECURSO A LA CONSTITUCIÓN

Si en México biografía presidencial es destino nacional, Miguel de la Madrid representa una posibilidad de desagravio y democratización. Sus escritos jurídicos sugieren cuando menos un hecho: es un hombre que tiene la sensibilidad intelectual y moral para evitar la explosión del agravio insatisfecho, poner de nuevo en marcha el enmohecido péndulo y adoptar las lecciones históricas pertinentes que nos conduzcan a una democracia sin adjetivos.

De la Madrid ingresó en la Facultad de Derecho en 1952. Su huella política inicial no fue el alemanismo, que había vivido como adolescente, y menos aún la época bronca de la Revolución, que duró hasta 1940, sino el ruizcortinismo: un régimen de contención y austeridad. En la Facultad descubrió al guía más entrañable para su generación: Mario de la Cueva. "Nos hizo —recuerda— respetar a la sin par generación de los liberales [inculcándonos] un amor invariable y recio a la libertad y la justicia." Al concluir su carrera, De la Madrid contribuyó tácitamente a los festejos del centenario de la Constitución de 1857 con una tesis que dirigió, además de De la Cueva, Jesús Reyes Heroles, que por entonces publicaba su famoso estudio *El liberalismo mexicano*.

El pensamiento económico de la Constitución de 1857 presagiaba las dos vertientes dominantes en De la Madrid: el técnico y el liberal. Su propósito era, por una parte, insertar la historia del constitucionalismo mexicano en la corriente universal y, por otra, haciendo referencia a la economía mexicana de mediados del siglo XIX, analizar comprensivamente las ideas económicas de los liberales del 57. El texto es claro, riguroso y seco, pero se permite alguna emotividad al hablar del cura Morelos o de "la invocación enérgica de la forma republicana y liberal" en 1824. El santanismo le parece "la tiranía más oprobiosa que ha padecido nuestro país"; en el Plan de Ayutla ve "el despertar del poder constituyente del pueblo". Sus palabras de mayor tensión son para los constituyentes del 57, que supieron vindicar "el valor de la individualidad humana frente a la organización estatal".

Esta faceta de su personalidad, inspirada por el constitucionalismo liberal, ha persistido hasta ahora. En 1962, al cumplirse el bicentenario de *El contrato social*, escribió el largo ensayo "La soberanía popular en el constitucionalismo mexicano y las ideas de Rousseau", donde rechaza la teoría de una constitución por encima de la soberanía del pueblo. En 1963 abordó la reforma a la Constitución en materia de representación y llamó a los partidos a asumir su nueva responsabilidad. En 1964 estudió la división de poderes y la forma de gobierno en la Constitución de Apatzingán. En ese ensayo cita a Morelos: "el influjo exclusivo de un poder se proscribirá como principio de tiranía". Para De la Madrid la división de poderes, como tal, seguía vigente: "creemos, con Montesquieu, que todo hombre investido de poder tiende a su abuso y que es necesario implantar mecanismos institucionales que lo limiten [...] sin separación de poderes no hay constitución".

El proyecto político de De la Madrid es un reflejo de su biografía intelectual. En su campaña electoral, sus menciones a los liberales y la ley fueron tan continuas como su prédica constitucionalista. Se diría que su proyecto quiere ser la puesta en práctica de una lectura estricta de la Constitución. Donde dice "república", ser más república; donde dice "representativa", aproximarse más al texto; lo mismo para las otras dos palabras clave: *democrática* y *federal*. La Revolución mexicana está presente en dos objetivos: una sociedad más igualitaria y un nacionalismo revolucionario.

Al espíritu republicano corresponden las ideas de continuar la reforma política, establecer un diálogo continuo con los partidos, dar juego a las cámaras, reformar el Senado y el Poder Judicial. También son importantes los límites al Poder Ejecutivo, desde los simbólicos hasta los más sustantivos: disposiciones contra el nepotismo y la amplia gama de abusos políticos, nuevas figuras delictivas, declaración anual patrimonial, etcétera.

Es todavía prematuro intentar el balance amplio de un sexenio que apenas comienza, pero a la luz de nuestra oscilante historia política cabe quizás afirmar que el proyecto político de De la Madrid puede significar un sesgo profundo en la etapa posrevolucionaria, el ocaso definitivo del dadivoso neoporfirismo, la vuelta al legado constitucional del siglo XIX y del maderismo, y la posible reversión de las tendencias autoritarias del siglo XX.

La prensa que hace falta

Si en el futuro alguien quiere conocer la vida en México y toma un ejemplar de cualquier periódico de estos años, no entenderá nada. Cosío Villegas definió así a nuestra prensa: "es una prensa libre que no usa su libertad".

Dejemos a un lado la corrupción, los embustes, las plumas mercenarias y toda el hampa periodística. Si se juzga el contenido de la prensa no oficial, a pesar de que no faltan los buenos periodistas, el panorama es desolador. La prensa comercial independiente usa su libertad para promover sus negocios. Es un escaparate de novedades para la burguesía, una zona rosa en blanco y negro, inocua políticamente. Su divisa es aplaudir o callar. A su derecha prosperan algunas publicaciones que además de escaparate son heraldos del conservadurismo más rancio y antidemocrático. No hay una prensa que represente al centro político: la tierra de nadie. De centro-izquierda hay varios periódicos apreciables pero anodinos: soles en el crepúsculo, días nublados, universales particulares. El diario de mayor circulación, *Excélsior*, vive de su capital acumulado, contiene buena información y cuenta con algunos editorialistas intelectualmente respetables, pero es sensacionalista, venal e ideológicamente tendencioso. Su mayor problema es la falta de autoridad moral: las manos sucias del golpe de 1976 y su ya proverbial política de calumnias. *Unomásuno* tiene, por el contrario, cierta autoridad moral, es creativo e inteligente, pero le falta información e incurre, con frecuencia, en el terrorismo verbal, la distorsión y el dogma. Una oportunidad perdida: da al campus lo que es del campus, pero se lo niega a la verdad.

La ecuación de nuestra prensa despeja, por eliminación, la incógnita: falta la voz de la opinión pública, un periódico independiente, plural, crítico, profesional, liberal, que compita con los mejores diarios de Occidente tanto por la calidad de sus plumas —nacionales y extranjeras— como por la creatividad, precisión, oportunidad y objetividad de su información. Un diario así sería —además de un gran negocio— la mejor Secretaría de Educación Política del país.

La transición democrática en España habría sido impensable sin la prensa: se adelantó a habitar, a conquistar un territorio democrático. En 1969 era todavía imposible criticar al ejército o a Franco, pero no sus políticas. Esta crítica pragmática fue fundamental y nos ha hecho una enorme falta en México. Imaginemos a un periodista mexicano colándose, en febrero de 1981, en las reuniones del gabinete económico donde se sabía y discutía la inminencia del desastre. Imaginemos las ocho columnas, el *shock* de la opinión y el gobierno literalmente forzado a corregir el rumbo. Imaginemos a unos secretarios y subsecretarios que renunciaran en masa como forma de presión al presidente. Es mucho imaginar.

¿Y los intelectuales? Nuestros émulos de Swift, Defoe y Dickens; nuestros valerosos abajo firmantes que con grave riesgo de sus vidas denuncian día tras día las conspiraciones de las bestias negras que nos vigilan y asedian no rebosan convicciones democráticas. Nada menos habitual en ellos que realizar encuestas de campo —con un sindicato, municipio, ejido, transeúnte u obrero— para averiguar lo que la gente pide. Nada les repugna más que confrontar sus emociones convertidas en teorías o sus ocurrencias transformadas en doctrinas con los datos empíricos y las cifras de la realidad. Grandes cosas pueden predicarse de la mayoría de nuestros intelectuales, pero no su independencia. Por desgracia, es la prenda fundamental para servir democráticamente a la sociedad y no orgánicamente al Estado. La estatolatría es el opio de nuestros intelectuales, su enfermedad profesional. Este mal los inhabilita para la democracia. Las razones son obvias. El sistema democrático requiere juego político por fuera del Estado y voz para la sociedad civil. La crítica de los estatólatras se limita siempre a regañar al Estado por no crecer. Lo curioso es que la mayoría de ellos veneran al Estado en nombre del marxismo. Para refutarlos no hay que imaginar a Marx en el siglo XX escribiendo, en vez de *El capital*, *El Estado*.

Cuando la acumulación originaria de capital apareció en el horizonte como regalo de la naturaleza, México la dejó ir a una velocidad sin precedente. Sin un gobierno que se gobernara a sí mismo, sin una sana vida de partidos, sin una prensa independiente y objetiva que diera voz y al mismo tiempo formara a la opinión pública, sin una vida política moderna, es natural lo que nos ocurrió. Quisimos ser ricos antes que democráticos.

LA INICIATIVA

Francisco Franco creía, como muchos de nuestros intelectuales y políticos, que la tradición política ibérica invalidaba a su país para la democracia. El tiempo y el deseo español de igualarse a las demás naciones europeas lo desmintieron. En México, otro argumento socorrido por los amigos del *statu quo* es el posible precio de inestabilidad que habría que pagar si la transición de la democracia formal a la democracia sin adjetivos fuese drástica. No tiene por qué serlo, pero tampoco hay por qué hacer un dios absoluto de la estabilidad. Es necesario empezar en todos los frentes y comprender —como España lo ha comprendido— que la democracia no es la solución a todos los problemas sino un mecanismo —el menos malo, el menos injusto— para resolverlos.

Si, como lo demuestran varios ejemplos, la democracia no es mala vacuna contra la gran corrupción, el argumento de que una apertura mayor retrasaría la recuperación económica tampoco se sostiene. Límites políticos, partidos y prensa pueden ayudar a la revitalización, aunque operan en esferas distintas. La democracia produce dignidad, no divisas.

El apremio económico y el malestar del agravio insatisfecho pueden alterar el sentido de las proporciones. La mirada más distraída por el mundo actual descubre que México está lejos de ser una nación profunda o irremediablemente desdichada. Al acercarse el año 2000, cada país, desarrollado o no, padece su carga de desventura: guerra civil o guerra sin más, desintegración nacional, hambrunas, migraciones, dominación extranjera, querellas religiosas, inestabilidad, miedo a ser blanco de un ataque nuclear, miedo de iniciarlo. México se había librado de casi todas las desgracias específicas del siglo XX. Pero no pudimos esquivar la crisis económica. Aun así, hay recursos para remontarla y datos que consuelan y desafían: estimaciones recientes del Banco Mundial nos colocan nada menos que en el décimo sitio entre las economías de Occidente. La nuestra no es, además, una crisis aislada sino un problema continental cuyos avatares podrán acercarnos más a América Latina que todos los ensueños de Bolívar. Sin embargo, no debemos olvidar que la ausencia de democracia fue una de las causas del actual desastre económico. La democracia, además, no sólo es un método para resolver los problemas internos sino para hacerse oír afuera. Sin democracia —que es concordia profunda y madurez política— nuestra voz internacional se escuchará menos.

La clave puede estar en una palabra: *iniciativa*. Hay que tomar la iniciativa. No es una palabra ajena a nuestro vocabulario histórico: México abolió la esclavitud antes que Estados Unidos e Inglaterra; desarrolló un mestizaje político y social más limpio e igualitario que el de esos países; desterró de un plumazo los prejuicios raciales y religiosos, y ha sido siempre, por vocación, puerto generoso y seguro para el perseguido de otras tierras. La Revolución mexicana fue también, a su modo, una gran iniciativa, el primer asalto mundial al bastión del liberalismo económico. Y ya en la raíz misma —lo olvidamos a menudo— México fue Estado nacional antes que Italia o Alemania. Más de 160 años de vivir como una comunidad nacional, y muchos más como una comunidad cultural, son suficientes para tomar —para volver a tomar— la iniciativa democrática. Tenemos un tiempo limitado: el de nuestras vidas.

Chihuahua, ida y vuelta

(1986)

Cuenta Marc Bloch que durante un viaje que hizo a Estocolmo con Henri Pirenne, le sugirió a éste la visita a los archivos de la ciudad como primer acercamiento a la historia sueca. Para su sorpresa, el maestro se negó a acompañarlo: había que hurgar en la gente antes que en los papeles, recorrer las calles, no los manuscritos, palpar la vida para entender la historia.

Con esta prescripción viajé a Chihuahua. Por extraño que parezca, lo primero que pedí a mi anfitrión y amigo Héctor Chávez fue visitar museos e historiadores y comprar libros de historia local. Me consuela pensar que sigo, paradójicamente, los consejos de Pirenne: ellos buscaban en el presente las huellas del pasado; yo intento comprender un poco el presente intenso y complejo que vive Chihuahua acercándome a la historia para palpar la vida.

Mientras cruzamos la ciudad de Chihuahua rumbo a la casa de don Francisco R. Almada, Héctor y yo recordamos al historiador José Fuentes Mares. Meses antes había concertado una cita con él para hablar del "verano caliente" que se veía venir en su estado. Por teléfono me sugirió la lectura de una de sus obras más controvertidas: *... Y México se refugió en el desierto.* Aunque padecía un cáncer terminal, sonaba tan alegre como siempre. De ahí la sorpresa de su muerte.

Don Francisco R. Almada, fecundo historiador del norte mexicano, es un hombre enjuto de casi 90 años con el que no es sencillo dialogar, aunque conserva intacta la memoria. En la hora exacta que conversamos se refirió, sobre todo, al siglo XIX: las guerras contra los indios; la invasión norteamericana; las controversias entre los presidentes Juárez y Díaz con el cacique Luis Terrazas. En cierto momento interrumpió su relato para subrayar "los cincuenta años de paz que nos ha dado el PRI". A su juicio, el pecado mayor de ese partido ha sido bloquear en dos ocasiones su democratización interna: en 1932, cuando la propuso Calles, y en 1964, al proponerla Madrazo. La plática concluye en 1910 con una frase redonda: "La gente se cansa de la autoridad cuando tiene un continuismo constante. Aunque sea buena la autoridad". Le pregunto si no percibe hoy una circunstancia parecida. "Sí", me responde.

Después de recorrer el Museo de Francisco Villa y hacerme de algunos libros de historia de Chihuahua, visitamos a Zacarías Márquez, el cronista de la ciudad. Su largo y matizado relato sobre la vida colonial e independiente de Chihuahua parte de una frase: "Somos dos países distintos". Casi con estupor, anoto la azarosa cronología que narra. Pienso que mi desconocimiento de la historia del México septentrional es sintomática de un centralismo cultural más grave que el político y el administrativo. Horas después, al repasar en el hotel los apuntes de las dos conversaciones y leer la bibliografía básica de Chihuahua, me doy cuenta de que "fuera de México nada es Cuautitlán".

LA ISLA APACHE

La verdadera guerra de los "hombres del progreso" contra los "indios bárbaros" no ocurrió en el oeste norteamericano sino en una amplia faja del septentrión novohispano. Los verdaderos personajes de leyenda no fueron Buffalo Bill o el general Custer sino los comandantes novohispanos O'Conor, De Croix y Cordero; los mexicanos Ángel Trías (padre e hijo) y Joaquín Terrazas; el jefe tarahumara Teporaca y una larga genealogía de jefes apaches que concluye con Victorio, Ju y Gerónimo. El enfrentamiento entre pieles rojas y caras pálidas ocupó algunas décadas en la historia de Estados Unidos, mientras que en Chihuahua —y, en proporción apenas menor, en casi todo el norte de México— fue el hecho fundamental por casi 250 años. Cualquier mexicano del centro cree saber que la Conquista concluyó en 1521. Cualquier chihuahuense con memoria sabe que en su estado la conquista de los indios, iniciada a fines del siglo XVI, concluyó hace apenas un siglo, con su virtual extinción y confinamiento el año de 1886.

Situado entre la abrupta Sierra Madre Occidental y el desértico Bolsón de Mapimí, el amplísimo territorio de Chihuahua se abre como un embudo hacia el norte. Aunque algunas expediciones cruzaron en el siglo XVI aquel "paisaje desalmado y solo" en busca de las legendarias ciudades doradas de Cíbola y Quivira, es sólo hasta principios del siglo XVII cuando Juan de Oñate traza la espina dorsal que parte del centro hasta Santa Fe, la capital de Nuevo México. A los conquistadores les siguen los mineros, sacerdotes, ganaderos y comerciantes. En 1631 se funda San José del Parral, enclave minero al que decenios después le seguirían otros. Con todo, la densidad humana de aquella parte de la Nueva Vizcaya es menor que la de otros territorios contiguos. "La colonización hacia el norte", explica Fuentes Mares, "se dio en forma de Y, pero en medio quedó este corredor central al que le hicieron asco. Así nació Chihuahua, aislada de las grandes corrientes colonizadoras del siglo XVII".

A la aridez del suelo y el encajonamiento geográfico se sumó el hecho de que la Corona sólo se preocupó por el territorio con una lógica política y militar. La fundación, a principios del siglo XVIII, de la ciudad de Chihuahua, cerca del mineral de Santa Eulalia, respondió al deseo expreso de contar con una ciudad de importancia al norte de Durango y Parral, y al sur de Santa Fe. Con todo, el motivo principal de su aislamiento fue la guerra. De entre las muchas naciones indígenas que poblaban aquellas provincias, los primeros que se levantaron en armas, a principio del siglo XVII, fueron los tepehuanes y los tobosos. En la segunda mitad de aquel siglo, los principales rivales del colonizador novohispano fueron los tarahumaras, que desde principios del siglo XVIII comenzaron a replegarse hacia la montaña. La zona de guerra más intensa se dio en el meridiano 107. La verdadera pesadilla apareció poco después con los feroces apaches. El secreto de su resistencia —que se prolongaría casi dos siglos— estaba en su carácter nómada. "Andan siempre volantes", dicen los cronistas.

El ascenso de los Borbones modificará paulatinamente el paisaje de guerra. La Corona pasa a la ofensiva. Funda enclaves de defensa (presidios), crea una comandancia especial para Nueva Vizcaya y Nuevo México, procura alianzas con la tribu comanche para enfrentarla a la apache y discurre campañas y métodos de dureza y efectividad sin precedentes. (Es el comandante Cordero quien renueva una vieja práctica indígena: escalpar cabelleras.) Hacia 1790, los apaches acuerdan por fin una tregua que durará cerca de 40 años.

El siglo y medio de guerra cotidiana ocultó un vasto proceso de mutua aculturación: los indios habían adoptado las armas de fuego y el caballo, no la religión ni las costumbres; los blancos se acostumbraron también a "andar siempre volantes". La guerra reforzaba en aquellos descendientes de los primeros colonizadores vascos un sentido de autonomía casi medieval: exacerbación de la libertad individual (la libertad como franquía, diría Ortega y Gasset); una solidaridad y un sentimiento igualitario que nacieron del enfrentamiento contra un enemigo que no discriminaba; una propensión natural al autogobierno.

No es casual que en 1810 la región reaccionara en contra de la insurrección del cura Hidalgo. Nueva Vizcaya era realista. El escaso apoyo a su lucha contra los indios había llegado de España, no de la capital del virreinato. Como ocurre siempre en las circunstancias (territoriales, culturales) de frontera, la futura Chihuahua afirmaba su identidad afiliándose al verdadero centro: la metrópoli. Por añadidura, a principios del siglo XIX y gracias a la tregua apache, las Provincias Internas —como se denominaban— gozaban de su primer momento de paz y franca expansión económica en dos siglos. ¿En qué podía beneficiarlas la independencia? Aquel "mundo clausurado" (Fuentes Mares), aquella "isla en el sentido militar, geográfico, etnológico" (Márquez), jamás había visto hacia el sur. De allí la indiferencia y hasta la crueldad con que trató a los insurgentes. De haber sido apresado en otra provincia, Hidalgo habría sido simplemente fusilado. En Chihuahua, isla apache, lo decapitaron.

México se liberó de España, pero Chihuahua no se liberó de los apaches. En 1832 se recrudece de nueva cuenta la interminable guerra. La secesión y la posterior anexión de Texas canalizan el impulso apache hacia México. En Chihuahua, la guerra con Estados Unidos es apenas un paréntesis de tres derrotas y la dura pérdida de una franja territorial. A diferencia de Coahuila, estado de mayor tradición cultural hispana que resintió como ningún otro la mutilación de su territorio, Chihuahua no abriga profundos agravios nacionalistas. Desde 1830 se ha abierto al comercio con los norteamericanos. La Legislatura chihuahuense será la única que no firme el Tratado de la Mesilla y el general Trías padre combatirá tropas y filibusteros, pero el ánimo público no percibe la vecindad norteamericana como un riesgo. El problema de Chihuahua a mediados del siglo xix sigue siendo el mismo. Corría entonces el refrán popular "Ay, Chihuahua, cuánto apache".

"En Chihuahua —afirmaba José Fuentes Mares— no hubo guerra de Reforma [...] porque no había Partido Conservador, no había más que liberales. A la hora que un señor Arriaga se quiso levantar, Esteban Coronado lo mandó preso y se acabó el cuento."

Una tradición violenta; un profundo sentido de aislamiento; la vida entendida como un desafío; una cultura básicamente criolla, laica, liberal; un autonomismo ancestral; una fidelidad a la raíz cultural española, que por su misma naturalidad y consistencia permite el comercio con lo anglosajón sin implicar, al mismo tiempo, la pérdida del alma; un resentimiento antiguo frente al poder central, que fácilmente se traduce en un odio casi racial contra todo lo que llega del sur; una zona de tensión, el meridiano 107, que duró casi tres siglos en armas; una propensión popular a vincular la política con formas de mesianismo; cierta solidaridad que, aunada al individualismo, atenúa las tensiones de clase; un concepto instrumental (criollo) y no místico (mestizo o indio) del poder y la autoridad; una historia de coraje y valor que no ha tenido su Martín Fierro o su John Ford; una "visión de los vencidos" aún más trágica y valerosa; biografías de personajes (los dos Terrazas, Villa) que aún ahora son materia de controversia y recelo en la memoria de sus víctimas y victimarios; la imagen de la Revolución mexicana como un proceso abierto, al que Chihuahua aportó la iniciativa y la fuerza pero cuyos resultados no siempre correspondieron a las necesidades de su vida diaria. Todo esto se palpa en la historia de Chihuahua.

Mientras caminamos por el zócalo, Héctor Chávez me señala la antigua casa de los Creel, una de las muchas casas de arquitectura porfiriana construidas en Chihuahua. Según la leyenda, Porfirio Díaz se asomó alguna vez al balcón para saludar a los paseantes. Luego de un rato de ver caras y atuendos criollos, preguntó: "¿Dónde está el pueblo?" Se ignora la respuesta que dio Creel. De haber estado allí, Zacarías Márquez habría explicado con una ironía no exenta de corrección: "Con su venia, o sin ella, señor presidente, somos dos países distintos".

Viejo y nuevo panismo

Uno de los gestos característicos de Manuel Gómez Morin consistía en entrecerrar los ojos haciendo oscilar hacia los lados leve y rítmicamente la cabeza para denotar decepción o lamento. Cuando hablaba del PAN en sus últimos años, el movimiento era constante. "No resultó lo que yo esperaba", me dijo alguna vez. No previó que su partido cobraría nuevos bríos a 10 años de su muerte y en su estado natal.

El principal promotor, el apóstol del renacimiento del PAN en Chihuahua fue el presidente López Portillo, sobre todo en su recta final: pero antes que él, hay que reconocerlo, Gómez Morin puso su parte. Nunca dejó de pastorear al PAN en cada pueblo, en cada ciudad; nunca "perdió la querencia". En Chihuahua tenía amigos y discípulos. Alguna vez fue candidato a diputado por el primer distrito de Parral, pero su curul fue "congelada".

En uno de sus viajes, a mediados de los cincuenta, conoció al que ha sido, hasta nuestros días, el caudillo de la vieja guardia panista: Luis H. Álvarez. Nacido en Ciudad Camargo en 1919, Álvarez representaba para Gómez Morin al luchador cívico ideal: un empresario textil liberal, honesto y moderno, preocupado por los problemas sociales, insobornable, independiente y quijotesco. Después de dirigir la Cámara de Comercio y la Asociación Cívica de Ciudad Juárez, ingresa al PAN y se convierte en candidato a gobernador. Para sorpresa del candidato oficial —Teófilo Borunda—, el joven Álvarez, de 37 años, alcanza buenas votaciones y, ante lo que considera un fraude, arma cierto revuelo con una caravana de protesta postelectoral de Ciudad Juárez a la Ciudad de México. Dos años más tarde, Álvarez es el candidato panista a la presidencia de la República.

En los años sesenta la generación de Álvarez toma las riendas del PAN. Después del arranque vigoroso de los años cuarenta y de la depresión de los cincuenta (cuando el presidente Ruiz Cortines los llamaba "místicos del voto"), los panistas iniciaron un periodo de cohesión y ascenso fincado, en buena medida, en la sensibilidad política de Adolfo Christlieb Ibarrola. Aunque la limitada reforma política de 1964 los benefició un poco, el gozo de la posible apertura se fue al pozo en 1968. Para 1970 consideraron seriamente la posibilidad de esgrimir, como única arma de protesta, la negativa de participar en la campaña. Álvarez lo creía así y su opinión prevaleció en 1976. ¿Quién no recuerda el triste espectáculo del PAN en aquellos días? Con el ascenso en verdad ominoso de una corriente populista de pasado fascista y la ausencia de personalidades como Efraín González Morfín, no faltó quien profetizara su quiebra. Por lo demás, si la única ocupación nacional sería "administrar la abundancia", ¿qué necesidad había de una "oposición leal"?

Aunque nunca dejó de trabajar en la formación de sus cuadros políticos, el PAN de Chihuahua se eclipsó también en los setenta. A las convenciones asistían 150 personas. De pronto, en los ochenta sobrevino la "des-administración de la abundancia". Lo demás no es historia: es presente. En 1983, Luis H. Álvarez llegó a la presidencia municipal de la ciudad de Chihuahua. No hubo forma de poner en práctica el fraude electoral: en un hecho sin precedente, el candidato del PRI, don Luis Fuentes Molinar, admitió su derrota antes de que los alambiques del tricolor comenzaran a urdir su misteriosa mezcla.

La trayectoria del contador Francisco Barrio, a los 35 años candidato a gobernador por el estado de Chihuahua, es formalmente similar a la de Luis H. Álvarez, sólo que 30 años más tarde. Como Álvarez, Barrio trabajó en la iniciativa privada en Ciudad Juárez; dirigió una empresa de 140 personas (su "escuela del liderazgo"); llegó, sin ser empresario, a la presidencia del Centro Empresarial y, por obra y milagro del "*shock* de la nacionalización bancaria", decidió ingresar al PAN. "Tan bonita carrera que llevabas", le dijeron sus amigos al enterarse de su candidatura a la presidencia municipal de Ciudad Juárez. "Si no ganamos, sacudimos", les respondía. Y ganó. Los mártires panistas se sorprendieron de la frase neopanista: "El PAN pierde porque tiene mente perdedora". A principios de 1986, 66% de la Asamblea panista lo eligió candidato a gobernador.

Le pregunto a Barrio sobre la importancia de la religión en su vida: "Es lo más fuerte, lo más importante". Me explica que pertenece al movimiento carismático, al que ingresó siguiendo a su esposa. Solía leer *La agonía del cristianismo* de Unamuno, no para desgarrarse entre dudas sino a la caza de frases bíblicas. Éstas, como es natural, lo condujeron a la lectura directa de la Biblia. El ingreso al movimiento de Renovación en el Espíritu Santo tuvo en él un carácter de "conversión y catarsis". Su despertar, afirmó una vez, fue similar al del profeta Jeremías.

Me encamino a una reunión de Barrio con un grupo de empleados de la empresa RCA. En el camino compruebo su popularidad. El diálogo con los trabajadores es franco y claro. Todos lo tutean. Reconoce que su táctica ha sido básicamente de "ataque" y "cuestionamiento", con "poco énfasis en un programa". Advierte sobre el "bloqueo informativo" a su campaña y aporta un ejemplo concreto en el que las autoridades del centro intentaron clausurar una radiodifusora que, "para ser sinceros", ofrecía una cobertura "demasiado buena". La gente quitó los sellos. A pesar de todo "hay buen ambiente en el estado". Habrá mejor difusión: se preparan audiovisuales. A sus colaboradores les exigirá honestidad y capacidad. De su gestión como presidente municipal hablan las cifras elocuentemente, lo mismo ocurre con su combate a la corrupción. Su propósito llano es "comportarse bien", ser "auténtico y conciliador". Con el gobierno central "no hay guerra, no hay pleito". No existe vínculo alguno con el Partido Republicano, la difusión de su campaña en Estados Unidos "es natural porque es noticia". Un manejo eficiente de las finanzas estatales atenuará el efecto de la crisis; para ello cuenta ya con gente "lista para chambear". En cuestiones electorales ya "no se cuidan ni las formas [...] El fraude está en marcha [...] el gobierno pregona textualmente que "no va a soltar nada" [...] Tenemos que arrebatárselo".

Encuentro dos vertientes en Francisco Barrio: el político-administrador y el carismático. Su gestión en la presidencia municipal de Juárez y su programa denotan una concepción moderna del poder, un concepto instrumental y no místico de la autoridad. En cualquier sociedad moderna lo que se pide a un gobernante es eficacia, no programas demagógicos de redención. Y, sin embargo, la otra vertiente de Barrio vincula la política con formas de misticismo, saca a Dios de su sitio. Lo hace, quizá, porque presiente que para mover al PRI se necesita una fe que mueva montañas.

En las elecciones internas del PAN para gobernador, el demócrata Luis H. Álvarez perdió de modo aplastante frente a Barrio, el carismático. Según Rafael Landerreche Gómez-Morin —heredero de la calidad intelectual y moral de su abuelo—, el triunfo de Barrio sobre Álvarez se explica por una debilidad estructural del PAN. La vertiente democrática pura, maderista, vasconcelista, laica, la que representó Gómez Morin, al carecer de "encanto", requirió siempre del "remolque" de una mística religiosa. El caso —continúa Landerreche— es que la actitud de Gómez Morin no tuvo arraigo y al remolque ideológico de Efraín González Luna siguieron otros francamente fascistas, como el sinarquismo. Así se explica que el PAN de Chihuahua haya puesto la democracia en manos de un carismático.

El ascenso del PAN en Chihuahua tendrá quizá como límite las elecciones. Hasta ahora, al menos en las calles de Chihuahua o Ciudad Juárez, donde se concentra 80% del electorado, su capacidad de convocatoria salta a la vista: mítines concurridos, campañas de afiliación simbólica con distintivos y calcomanías, participación política hasta de los niños. El estribillo de campaña lo dice todo: "En Chihuahua... ¡Ya es tiempo!" Las razones del ascenso no son menos evidentes. Las más próximas, el derrumbe de expectativas de la clase media, la reanimación del laicismo militante, la politización creciente, la existencia de una estructura panista previa que el neopanismo puede aprovechar (cosa que existió menos en Sonora o Nuevo León). Las más remotas y profundas se encuentran, a mi juicio, en la historia de Chihuahua, en su gravitación natural hacia la autonomía. En Chihuahua, "el centro" sigue siendo —y quizás ahora, con la comunicación moderna, mucho más— la fuente de todos los males, el lugar de los litigios, los permisos, las "mordidas", los "rollos", los dobleces, la expoliación, el legalismo, la dictadura de escritorio, los privilegios, la tecnocracia, la burocracia, la ideocracia, los increíbles subsidios, el despotismo ilustrado, el paternalismo, la gesticulación. Se trata del viejo agravio federalista que se inició en la Independencia y aún no ha concluido. Es el viejo orgullo de la isla atenida siempre a sus propias fuerzas.

Los grandes empresarios de la ciudad de Chihuahua son priistas, lo mismo que el mayor empresario de Ciudad Juárez, candidato oficial a la presidencia municipal. La mayor parte del empresariado chihuahuense, para todos los efectos prácticos, es apolítico o, cuando mucho, "prende dos veladoras". El juicio de Luis H. Álvarez es exacto: "se ofende al electorado de Chihuahua al decir que lo manipulan los empresarios, la Iglesia o Estados Unidos".

Para contrarrestar un fraude que a su juicio ya está en marcha, Barrio anunció su primera medida gandhiana: la desobediencia civil. La idea causó alguna expectación en Chihuahua, pero no tuvo eco en el ámbito nacional. Este factor de aislamiento, desfavorable al PAN, se agudizará durante el mes de junio debido al Mundial de Futbol. Sin descartar que hay procesos históricos silenciosos, subterráneos, y procesos sociales vivos en el noroeste, cuya confluencia con una querella electoral podría desatar la violencia. Que la capacidad represiva del Estado esté intacta y la fidelidad del ejército se halle libre de toda sospecha no son un consuelo para esa posible situación. Así como Chihuahua merece la democracia, el Estado mexicano no merecería —como no la mereció en 1968— la mancha de la represión.

LA CONTRADICCIÓN INTERNA DEL PRI

Que el PRI de Chihuahua no es un modelo de vigor y cohesión es algo que los propios priistas admiten. Los dos brazos fundamentales de su estructura corporativa, la Confederación de Trabajadores de México (CTM) y la Confederación Nacional Campesina (CNC), atraviesan por problemas. A la muerte del líder José Refugio Mar de la Rosa, la CTM local entró en un periodo de debilidad externa y divisionismo interno. De lo primero da fe el Frente Auténtico del Trabajo (FAT), organización obrera independiente nacida de la antigua democracia cristiana y cuyo embrión representa ahora, con otras siglas, los intereses obreros en uno de los conflictos más serios de la historia local reciente: la prolongada huelga de acereros de Chihuahua.

La CNC tampoco atraviesa por su mejor momento. La sola presencia del sacerdote Camilo Daniel Pérez a la cabeza de decenas de miles de campesinos en el noroeste prueba que el "voto verde", en que tantas esperanzas pone el PRI, podría no ser tan abundante. El candidato Fernando Baeza ha hecho, al parecer, gestiones personales ante las autoridades del centro para que los problemas de adeudos y precios se resuelvan. Con todo, aquí y allá la prensa da cuenta de tomas de bodegas de Conasupo por campesinos.

"La confianza pierde al hombre", me recuerda Héctor Chávez, "y la confianza perdió al PRI. Por mucho tiempo nos gobernaron hombres con poco arraigo". Óscar Soto Máynez —apodado *Sotolito* por su inmoderación etílica— fue gobernador debido al único aunque indudable mérito de que su madre era la dueña de la casa de huéspedes que alojó, en tiempos de estudiante, a Miguel Alemán Valdés. Con el tiempo, se incurrió en otro vicio: el personalismo. De Manuel Bernardo Aguirre, los propios chihuahuenses contaban que sus dos únicas ambiciones en la vida eran ser gobernador y concluir sus estudios de primaria, pero su gobierno no fue malo. Menos aún lo fue —según opinión generalizada— el de Óscar Flores Sánchez. Ambos tenían arraigo, pero por sus divisiones y su confianza excesiva olvidaron el trabajo de zapa: los cuadros, la politización. Meses antes de las elecciones intermedias de 1985, el propio Flores Sánchez le comentaría a Fuentes Mares: "A ver, dígame, dígame los nombres de tres buenos candidatos a diputados federales [...] ¿Verdad que no hay uno solo? En el PRI no tenemos con quién dar la pelea".

Los azares de la vida, y su amistad con el presidente López Portillo, hicieron que en 1980 llegara a la gubernatura un profesor de teoría del Estado, exrector de la Universidad de Chihuahua, hombre discreto, de convicciones pluralistas: Óscar Ornelas. Según recuerda uno de sus discípulos, Ornelas veneraba a Montesquieu. Quizá por eso sus primeras actitudes políticas parecieron tan dubitativas que lo asemejaban a un "Hamlet moral".

Hamletiano o no, Ornelas decidió no usar la violencia con fines electorales. Ya en 1980 esta abstención le provocó problemas al PRI en algún municipio, pero en 1983 —en plena crisis— la votación a favor del PAN y la presión del centro lo colocaron en una situación verdaderamente compleja. El resultado, como se sabe, fue la victoria panista en varios municipios importantes del estado, incluyendo la capital. "Para mí no es problema gobernar con un presidente municipal panista", declaró. Y en efecto, las relaciones con Álvarez fueron, dentro de lo que cabe, respetuosas.

En 1985 hubo elecciones para diputados locales. Un distrito tuvo que ser "congelado", porque la victoria del PAN habría equilibrado la representación en el Congreso. En junio había estallado un conflicto estudiantil que Ornelas no sabe o no puede controlar, y el 19 de septiembre cae. Tiempo después, el "Hamlet moral" declara a un diario nacional: "Hubo quienes sugirieron utilizar la represión para frenar al PAN. Pero la violencia se habría desbordado sin control. Peor que en San Luis Potosí, peor que en Oaxaca. Decidí entonces respetar la voluntad popular. Luego tuve que renunciar". En cuanto a las elecciones de julio advierte: "Si el PRI no atina en la selección de candidatos para alcaldes y diputados locales, el partido sufrirá la peor debacle de su historia. Más grave aún que en 1983".

El candidato del PRI, Fernando Baeza, es casi 10 años mayor que su principal oponente. Nació en Delicias, en una familia de rancheros. Su padre fue fundador o cuando menos militó en el PAN. Baeza estudió en el Instituto Regional de los jesuitas, en la Universidad Iberoamericana y en la UNAM, donde conoció de cerca a una de las mentes más finas del PAN: Rafael Preciado Hernández.

Su carrera política arranca en la presidencia municipal de Delicias. Cuentan que el padre le dijo: "No voto por ti", pero como Baeza quería ser líder y no mártir (no eran, recuérdese, tiempos de crisis) hizo una buena gestión en su municipio y siguió avanzando: oficial mayor del procurador Óscar Flores, diputado federal y subprocurador general de la nación. Para Fuentes Mares, Baeza era el "único candidato posible" para el PRI en Chihuahua: "tranquilo, conciliador [...] tiene la presencia de un profesor universitario y se expresa como tal [...] dará a su campaña el tono de una mesa redonda".

Un chiste chihuahuense asegura que ganará F. B. Lo mismo cabe afirmar del discurso: cualquiera de los F. B. podía haberlo firmado. La táctica del PRI de Chihuahua es la misma que ha dado frutos al sistema durante su ya larga existencia: incorporar, incluir, cooptar. Así como Echeverría lanzaba críticas al poder... desde el poder, así el candidato Baeza —por convicción moral, quizá porque no advierte hasta ahora doblez en ello— se apropia de un lenguaje democrático, que no es propio de los priistas, para neutralizar al PAN. El problema es que entra en contradicción interna con los métodos político-electorales del PRI. "El PRI", dice Zacarías Márquez, "no puede ser demócrata sin dejar de ser el PRI". Ornelas quiso ser demócrata y priista, pero sólo logró convertirse en exgobernador. Si en términos estrictamente democráticos la exhortación pastoral es criticable por suplir la conciencia individual, ¿qué decir de los métodos de exhortación del PRI: movilizaciones, amenazas, cohechos, acarreos, comida? ¿Y qué del fraude electoral? No suple la conciencia individual: suple al individuo.

LA IZQUIERDA POSIBLE

El profesor Antonio Becerra Gaytán, "nacido y malcriado en Chihuahua", es ante todo un tipo simpático. Cincuentón, sencillote, su risa abierta y franca denota alegría, no chocarrería ni relajo. "La confusión en el PRI es tal", me comenta, "tal la improvisación y falta de cuadros, que en muchas asambleas locales se les colocó gente para que salieran los candidatos peores [...] y salieron".

Su trayectoria va de la ortodoxia a la heterodoxia. Educado en Tlaxcala, profesor normalista, vendedor de libros, "líder charro sin saberlo" que por tomar en serio una huelga en Parral dejó de serlo, seguidor de Othón Salazar, fundador del Movimiento Revolucionario del Magisterio (MRM), en 1960 se hace comunista "para procesar lo que le pasaba".

"Hay que entender el momento", explica como excusándose levemente, "no era sólo Othón, era el MRM, el movimiento ferrocarrilero, Cuba, el conflicto de Bosques de Chihuahua". Descarta el lombardismo porque "la sumisión al maestro me molestaba". Al mismo tiempo comienza, con esfuerzo autodidacta, una carrera académica: desde entonces da clases de Psicología e Historia de México en la Universidad Autónoma de Chihuahua. Un personaje importante en el mundo académico de Chihuahua, el profesor Federico Ferro Gay, le descubre algunas vetas de filosofía moral. El 2 de octubre de 1969 Becerra sufre un secuestro político. Todos se unen para pedir su liberación. El PAN hace ruido. Y —sólo podía pasar en Chihuahua— ¡el obispo ofrece una misa! Un alumno suyo comenta: "La derecha lo hizo demócrata".

Viajó a Europa del Este, pasó un año en la URSS ("pueblo formidable"). Pensó que en la URSS "lo que fue necesidad se volvió hábito y ahora política". En Rumania dijo para sí: "Yo no peleo por esto". Criticó la invasión a Praga. En los setenta participó en la autocrítica del Partido Comunista (PC).

La relación de Becerra con su propio partido, el PSUM, no ha sido fácil. "Donde gane el PAN no firmo", le dijo algún compañero, a lo que él contestó: "Defender el voto es poner la pica en Flandes. No se es demócrata limitado. ¿Tienes o no confianza en las masas? O lo haces o te niegas".

Pienso en la fuerza electoral que tendría la izquierda mexicana con uno, dos, mil Becerras. Leo un demagógico folleto que se distribuye en sus oficinas y pienso que él no lo redactó. Porque si la Iglesia suple a las conciencias individuales y el PRI a los individuos, el dogmatismo de izquierda del siglo XX suple a los individuos, las conciencias, los partidos, la Iglesia, la Historia, la moral y a Dios.

En el avión de vuelta a la Ciudad de México, yo, chilango irredento, quiero sacar conclusiones de lo visto y oído. Al recordar el comentario final del profesor Becerra, democráticamente, desisto: "Si a este electorado no se le reconoce, sobrevendrá el repliegue y la frustración. Chihuahua vive hoy la revolución de la democracia. Chihuahua puede ser la cuna de los tiempos nuevos".

Y el *prinosaurio sigue ahí*

(1991)

El pasado

El PRI es uno de los últimos dinosaurios políticos del siglo. Conocemos su historia, pero vale la pena repensarla. Nació en 1929 con el doble propósito de dar legitimidad y ordenar civilizadamente la sucesión presidencial que los caudillos de la Revolución habían resuelto hasta entonces a balazos. Luego del magnicidio de Obregón, Calles incorporó al PRI a los militares sobrevivientes que, con las pistolas en la mesa, harían cola y esperarían su turno. El propio Calles encomendó al PRI la función de ganar (o robar o inventar) votos para el elegido. Por su parte, Cárdenas dio otra vuelta de tuerca: incorporó no sólo a los militares y a los burócratas sino también a las agrupaciones de campesinos y los sindicatos obreros.

Desde entonces, con algunas modificaciones más formales que de fondo, el acuerdo ha permanecido intacto en lo esencial. Cada seis años se celebra la ceremonia secreta en la que el presidente elige o, mejor dicho, unge a su heredero, que ejerce el poder de modo absoluto, sin dar cuentas a nadie, ni siquiera a los poderes Legislativo y Judicial, cuya independencia es sólo formal. El nuevo presidente, a su vez, unge a los gobernadores de los estados y a no pocos senadores y diputados. Utilizando pródigamente los fondos del erario y mediante mil expedientes legales, extralegales e ilegales que van desde el convencimiento sincero y la persuasión hasta la coacción y el fraude, el aparato del PRI se encarga de asegurar que los votos de los supuestos electores coincidan con el voto del verdadero elector: el presidente de turno. "En México —ha escrito Gabriel Zaid— no se consigue presupuesto en función de los votos que se consigan [...] se consiguen votos en función del presupuesto que se consiga [...] los políticos y funcionarios no le deben su posición a los electores de abajo sino al gran elector de arriba." Las operaciones de legitimación electoral rara vez fallan porque una parte importante de la población está en una situación cautiva. La vida económica de todos los burócratas —4 millones—, de buena parte de los campesinos —cuyas tierras (ejidos) pertenecían hasta hace poco al gobierno— y de la mayoría de los obreros —controlados por la Confederación de Trabajadores de México (CTM), columna vertebral del PRI— depende, directa o indirectamente, del gobierno. Como ha visto Octavio Paz, no son pocas las similitudes entre este monstruo burocrático surgido de una revolución y otro dinosaurio, ése sí en plena extinción: el Partido

Comunista de la URSS. No es casual, en suma, que en sus 62 años el PRI haya perdido sólo una gubernatura.

Se trata, como decía Cosío Villegas, de una especie de monarquía patrimonial legitimada con formas democráticas y republicanas. Lo cierto es que el arreglo funcionó: libró a México de la anarquía y el militarismo latinoamericanos, respetó las libertades cívicas —México no conoce nada semejante al terrorismo de Estado—, creó un vasto sistema de seguridad social y, sobre todo, cuidó la autonomía de la esfera económica: dio amplias libertades al mercado, protegió a la industria más de lo necesario y propició un crecimiento sostenido por cuatro décadas.

El primer terremoto que cimbró el edificio corporativo ocurrió en 1968. La masacre de cientos de estudiantes mostró los límites del "milagro mexicano". Una nueva clase media se había desarrollado y reclamaba sus derechos políticos elementales. Así como había que abrir la economía a la libre competencia internacional, el sistema político debía abrirse también a la libre competencia de partidos y opiniones. Por desgracia, dos sucesivas administraciones populistas —Echeverría y López Portillo— prefirieron reafirmar el viejo modelo del partido integrador, invadir la esfera económica y convertir al Estado en empresario. El resultado fue la bancarrota.

Hasta 1982 la oposición en México había sido impotente. El quijotesco PAN soportó desde su fundación en 1939 varios fraudes en su contra. Un presidente de México llamaba a sus militantes "místicos del voto". La desmoralización del PAN llegó al extremo de retirarse en 1976 de la contienda presidencial para no ser visto como la "oposición leal" del PRI. Por su parte, la oposición de izquierda había intentado muchas veces —había sido orillada a intentar— la vía de las balas, más que la de los votos. En 1982 cambió todo eso. Ese año, buena parte de la sociedad midió los costos de obedecer al PRI. Comenzó a entender que el PRI no es un partido, sino el brazo electoral del gobierno; que la corrupción, la improductividad y el desperdicio son consustanciales al sistema de partido-gobierno; y que esos males sólo pueden combatirse con una doble reforma liberadora en la economía y la política.

El presente

Miguel de la Madrid inició la reforma económica mexicana que Salinas de Gortari ha profundizado. La mancha de ambos ha sido la política. Durante el régimen de De la Madrid siguieron los fraudes habituales que provocaron un repudio generalizado. Por su parte, Salinas ha declarado varias veces que nuestra perestroika debe venir antes que nuestra glásnost. Los procesos electorales recientes parecieran confirmar esa declaración. Con el gobierno como juez y parte, contando siempre con los generosos recursos del erario para sus campañas, el viejo PRI ha entrado en la etapa de la manipulación cibernética de las elecciones. Se podría escribir un tratado de *electo-*

ral fiction sobre sus métodos para viciar el sufragio libre y secreto.

¿Qué pensaría el votante de una democracia del primer mundo si en el momento de sufragar descubriese en la puerta de la casilla a un individuo que le pide cuentas de su voto? El caso fue frecuente, por ejemplo, en las elecciones del estado de Guanajuato el 18 de agosto pasado. El PRI gastó en favor de su candidato los fondos públicos en una costosísima campaña y movilizó a los campesinos como ganado político: los transportó, los alimentó, los consintió, los convenció y, en su momento, seguramente los intimidó para que votaran por él. El candidato del PAN, Vicente Fox, un empresario independiente, hizo una buena campaña que, según sus cómputos, le dio el triunfo. Las autoridades dieron la victoria al PRI. La contienda en Guanajuato demuestra algo evidente: en México la alternancia del poder, aun a nivel local, no es difícil: es prácticamente imposible.

Personalmente creo que, en justa competencia con la oposición y sin irregularidades, el PRI habría ganado, en efecto, buena parte de las elecciones para diputados y alcaldes y algunas gubernaturas, pero no la de San Luis Potosí y menos la de Guanajuato. El desempeño del presidente Salinas en la esfera económica y de asistencia social a los mexicanos más necesitados habría sido un factor decisivo. Pero, así como ocurrió, la victoria del prinosaurio parece más bien pírrica: desmoralizará a los militantes del PAN que siguen siendo tratados como "místicos del voto" y radicalizará a la izquierda, cuya tradición democrática es reciente. Pero sobre todo ahondará el agravio del vasto sector moderno de la sociedad mexicana que se niega a plegarse a un régimen político caracterizado por la mentira, la simulación y el uso ilegal de la influencia y de las riquezas públicas con fines partidistas. Este sector insatisfecho no cree que la reforma política deba postergarse por la económica: al contrario, cree que el éxito de ésta depende de aquélla. En todo caso, se niega a aceptar que el tempo y la naturaleza de ambas deban ser decisión discrecional del presidente.

EL FUTURO

Esta franja amplísima de ciudadanos conscientes reclama la separación del PRI y el gobierno. Algunas ideas prácticas al respecto: poner un tope a los fondos de que disponen los partidos y nombrar una comisión de fiscalización para verificarlo, compuesta por una mayoría de diputados de oposición; sancionar penalmente cualquier otra transferencia del gobierno al PRI, ya sea en efectivo o en sus mil especies (habría que detallarlas); prohibir cualquier forma de coacción en la emisión del sufragio libre y secreto, incluida la "promoción del voto", los desayunos electorales, los acarreos forzosos, los acarreos no forzosos y todos los actos de "persuasión" colectiva que se verifiquen durante la semana —y desde luego el día— de las elecciones; prohibir el uso de los colores nacionales en las siglas de los partidos; legislar con detalle sobre la naturaleza y periodicidad de la propaganda partidaria por radio y televisión.

Además de estas medidas que atañen directamente a la relación entre el PRI y el gobierno, una auténtica reforma política requeriría muchos otros cambios que implican una cesión real, histórica de poder a cargo del sistema y en abono de la legalidad y la democracia. Devolver al Poder Judicial su jurisdicción en materias electorales sería uno de esos cambios. Hay varios más. Gabriel Zaid propuso no hace mucho la idea de que el presidente renuncie a "la propiedad privada de su puesto público", es decir, a la posibilidad de enriquecerse en el puesto. A esta idea —que, de aceptarse, tendría un efecto de moralización en cascada— habría que agregar ahora, incidentalmente, una propuesta sencilla para Salinas de Gortari: que el presidente desmienta públicamente a quienes propalan su reelección. Si el sufragio efectivo sigue siendo un ideal, lo único que nos falta para una inversión orwelliana de situaciones históricas es traicionar —como sugiere Fidel Velázquez— la segunda parte del lema maderista: "no reelección". Otro cambio, realmente estructural, sería afectar de una vez por todas el corazón del patronazgo priista: en la mayor parte del país, el régimen ejidal no ha sido más que un sistema de control político. Se necesita un Tratado de Libre Comercio —empezando por el libre comercio de la tierra— en el campo. Por último, para mostrar de inmediato la clara voluntad de reforma, y en vista de las irregularidades del proceso, las instancias competentes deberían anular, por lo menos, las elecciones en Guanajuato.

Se dice que los dirigentes del Partido Socialista Obrero Español (PSOE), al afianzarse en el poder, se dieron cuenta del riesgo de volverse un PRI y ayudaron a la oposición a crecer y consolidarse. A riesgo de ahondar los viejos agravios contra la dignidad cívica y las convicciones democráticas de muchos mexicanos, el régimen que quiere llevarnos al primer mundo no tiene más salida que seguir la lección española. La oposición deberá también hacer su parte, sobre todo la izquierda, cuyo fundamentalismo doctrinario es más dinosáurico que el del PRI. En todo caso, el pasado y el presente tienen un mensaje para nuestro futuro: a fines del siglo XX, cuando en todo el mundo es la hora de la democracia, México no puede seguir gobernado por un monstruo antediluviano.

La engañosa fascinación del poder

(1996)

Hubo un tiempo en que la colaboración de los intelectuales con el poder rindió grandes frutos al país. Parecía tan honrosa como su participación en un congreso constituyente o una magistratura en la Suprema Corte de Justicia de la Nación. Melchor Ocampo fue ministro de Relaciones, Gobernación, Guerra y Hacienda del gobierno de Juárez en Veracruz y México. Francisco Zarco ocupó la cartera de Relaciones y Gobernación del gobierno de Juárez, tras la guerra de Reforma. Ignacio Ramírez dirigió Instrucción Pública y Fomento en ese mismo periodo. Guillermo Prieto fue administrador de Correos en el gobierno trashumante de Juárez durante la Intervención francesa. Éstos y otros grandes intelectuales, juristas y legisladores sirvieron al Poder Ejecutivo de su tiempo (en el caso fugaz de Sebastián Lerdo de Tejada, de hecho lo ocupó) sin que nadie se lo reprochara jamás. Sesenta años más tarde, José Vasconcelos convirtió a su secretaría en una agencia apostólica de educación, cultura y arte; Manuel Gómez Morin reformó la política económica y financiera del país; Genaro Estrada dignificó a la diplomacia mexicana mediante la doctrina que lleva su apellido; Vicente Lombardo Toledano fue un factor decisivo en la política obrera y agraria de Cárdenas.

Nadie albergó suspicacia de la cercanía de estos hombres de letras con los generales revolucionarios. Por el contrario, su intervención en la construcción nacional parecía la justa culminación de su trayectoria intelectual.

A partir de los años setenta, la percepción empezó a cambiar hasta llegar el extremo opuesto: ahora toda colaboración y aun cercanía del intelectual con el poder no sólo parece deshonrosa sino deshonesta. En ciertos momentos lo ha sido. El tránsito entre las dos percepciones no es cuestión de moda o capricho: tiene sustento en casos lamentables que han llegado al dominio público en las últimas décadas. Pero el tema reclama una explicación de fondo que revele su liga íntima con la historia política de México. Está claro que la integración del intelectual al poder no rinde frutos a la sociedad. Está claro que es un vestigio inútil del pasado. No está claro por qué.

Hay una pauta que se repite a lo largo de nuestra historia moderna y contemporánea, desde el instante en que el Estado-nación comenzó a consolidarse. Un sector entre los hombres de letras —el de los llamados "intelectuales"— siente el impulso de hablar o escribir abiertamente sobre los asuntos públicos. Hay un lector que los sigue. Ese público fue minúsculo por un siglo y ha crecido considerablemente, en cantidad y calidad, durante los últimos años. Una parte de estos intelectuales comprende que su poder específico radica en su ascendiente moral sobre ese público y se dedica a servirlo con las armas de la crítica. Pero otra parte siente una fascinación por el gran poder, el Poder Ejecutivo, y se incorpora a él en diversos grados para "cambiar las cosas desde dentro". En ocasiones excepcionales lo logra, aunque en general fracasa. Una vez integrado, descubre cómo la lógica del poder se impone a la lógica del saber. No puede ejercer la crítica en público, no puede buscar con libertad la verdad y, si la encuentra, a menudo debe ocultarla o mentir. Es un político, pero ha dejado de ser intelectual.

Max Weber explicó que existe una incompatibilidad de fondo entre la vocación del intelectual y la del político: "El poder tiene sus propias tareas que, en última instancia, sólo pueden ser cumplidas mediante la fuerza". En México, el intelectual que se integra suele comprender tardíamente —si es que alguna vez lo comprende— la gravedad de su dilema, porque su mente confunde las esferas: piensa y escribe como si fuera él y no el político quien gobernara. Pero es el político, por supuesto, quien gobierna y lo gobierna. Finalmente, las cosas terminan mal. Unos intelectuales se doblegan moralmente: optan por la complicidad o la franca corrupción de vender su pluma (algunos han tenido el cinismo de confesarlo en público). Otros se apartan cuando ya es demasiado tarde para volver a escribir (la libertad es una gimnasia exigente) y se pierden en una esterilidad rabiosa o resentida. Algunos, por excepción, han salvado su obra personal y se han salvado con ella.

Cumplido el ciclo, entienden que la mejor relación entre los intelectuales y el Estado es la separación de sus poderes. La fascinación del intelectual por el poder es muy antigua y quizá por eso ha persistido a través de los siglos. Para algunos se remonta, en el caso de nuestro país, a la noble fama de Nezahualcóyotl, el rey poeta de Texcoco, consejero muy respetado por los tlatoanis aztecas; o a la biografía de ese Maquiavelo mexica que fue Tlacaélel, poderoso ministro o cihuacóatl que quemó los códices reminiscentes del pasado bárbaro y reescribió la historia para vincular al nuevo imperio con la tradición tolteca.

Pero el verdadero origen de la atracción está en los dos troncos vivos de la cultura política mexicana: el virreinal y el liberal. En la tradición española, adoptada fielmente en Nueva España, los letrados eran una parte orgánica del cuerpo político a cuya cabeza estaban los príncipes, que a su vez "no son tanto vicarios de Dios... sino una imagen viviente suya o un Dios terreno" (Sigüenza y Góngora). Ya sea de viva voz o por escrito (mediante el género llamado "espejo de príncipes"), el letrado cortesano o burócrata aspiraba a convertirse en consejero, como lo fue Quevedo del conde duque de Olivares. En aquella arquitectura del poder, la disidencia no era sólo imposible sino impensable. Las diferencias de los letrados o los teólogos con el príncipe, o entre sí, no se ventilaban de cara a un público lector o elector (apelando a la conciencia individual de las personas, como empezaba a ocurrir en la tradición protestante), sino dentro del espacio político y dogmático de las dos majestades: la monarquía absoluta y la Iglesia. Así pasaron casi tres siglos, hasta que en las postrimerías del periodo virreinal apareció en la plaza pública un heterodoxo de la política y la fe: fray Servando Teresa de Mier. Su crítica, a un tiempo precursora y legitimadora de la Independencia, le valió el exilio. Con él, la vocación de libertad triunfaba sobre el espíritu de servidumbre. No es casual que fray Servando se inspirara en fray Bartolomé de las Casas. Ambos prefiguran al intelectual moderno que no obedece más que a la voz de su conciencia.

Durante el siglo XIX los intelectuales mexicanos pasaron a primer plano y desempeñaron un nuevo papel, presagiado por los jesuitas criollos de fines del siglo XVIII: el de constructores de la nación. Como secretario de Relaciones (por breves periodos), Lucas Alamán tendió cimientos culturales y económicos que aún perduran: el Museo Nacional, el Archivo General de la Nación, el Banco de Avío (antecedente de Nacional Financiera). Con ideas opuestas, pero actitudes similares, sus adversarios irreconciliables siguieron su ejemplo en el ámbito de la política y la cultura. A lo largo de dos decenios (1857-1876) México fue el dramático escenario en que los liberales de la Reforma levantaron el edificio constitucional de garantías individuales y libertades cívicas que aún nos sostienen.

Los hombres de la Reforma no sabían obedecer, sabían deliberar y votar. Traían la renuncia bajo el brazo. Cuando Juárez se excedió en sus atribuciones y manipuló las elecciones, su generación tomó distancia del Poder Ejecutivo y afianzó los otros tres: el Legislativo, el Judicial y el periodismo doctrinario y combativo, que fue su vocación permanente. Republicanos ejemplares, defendieron y encarnaron la división de poderes al extremo de crear un "quinto poder": el de los "publicistas", como se conoció por mucho tiempo al escritor político. En ambos troncos de la cultura política mexicana se aprecia en embrión la misma pauta: el paso de la fascinación a la crítica, de la integración a la separación.

La tendencia se define con más claridad a partir del porfiriato. Díaz clausuró la construcción republicana, federal y democrática y volvió al paradigma colonial: acalló a la prensa y domó a los intelectuales convirtiéndolos en nuevos y obedientes letrados. "Este gallo quiere maíz", solía decir, y maíz se les daba bajo la forma de puestos (diputaciones, senadurías) y prebendas (becas, viajes). Así los tenía "agarrados de las tripas". Las críticas debían ser dichas sin "escándalo" (es decir, en privado, insinuadas con respeto al real oído del señor presidente). Los intelectuales eran conscientes de la indignidad de su condición, pero cerraban el pico: "¿Por qué quiero a fuerza vivir con empleo del gobierno?", se preguntaba Federico Gamboa en 1895, "es el viejo pacto tácito: nosotros contamos enteramente con el gobierno para vivir, y todos los gobiernos, desde los virreinales hasta nuestros días, cuentan con que nosotros contemos con ellos". El joven Justo Sierra ideó la filosofía autoritaria del régimen; el viejo Justo Sierra se atrevió a criticar a Díaz por carta y, en lenguaje cifrado, en sus libros. Sólo su obra formidable lo salvó ante la posteridad. Algo similar ocurrió con Andrés Molina Enríquez: lo salva la crítica social que propuso en *Los grandes problemas nacionales*, pero nunca se cansó de alabar la política integral de don Porfirio. Le parecía orgánicamente ajustada a la naturaleza social y étnica del mestizo mexicano. Los otros dos grandes pensadores políticos del porfiriato no pasaron de ser ideólogos del régimen. Emilio Rabasa escribió en 1912 una defensa casi ontológica del porfirismo: *La Constitución y la dictadura*. Y el furibundo Francisco Bulnes, tan soberbiamente dotado para la crítica, la enfiló contra todos los regímenes del pasado... menos el de Díaz, a quien sólo se atrevió a criticar cuando estalló la Revolución.

El clima de triunfalismo llegó a ser abrumador, pero nunca absoluto. Siempre hubo notas disonantes. Desde fuera del *sistema*, dos políticos idealistas terminaron por salvar con sus actitudes y escritos la dignidad de los intelectuales: Ricardo Flores Magón y Francisco I. Madero. El Ateneo de la Juventud ha pasado a la historia como el grupo intelectual precursor de la Revolución. La interpretación es exagerada: muchos de los miembros de esa institución fueron porfiristas convencidos, enemigos de Madero y colaboradores de Huerta. No obstante, la crítica intelectual de Antonio Caso, Pedro Henríquez Ureña, José Vasconcelos y Alfonso Reyes desacreditó a la filosofía oficial y le restó al régimen sustento ideológico. Significó también un presagio del renacimiento cultural que vivió el país desde los años veinte. Al finalizar el ciclo porfiriano, los nuevos letrados habían descubierto a tiempo su vocación de libertad. De esa distancia con respecto al poder partirían los mejores momentos de la generación: el apostolado filosófico de Antonio Caso, la tensión profética de Vasconcelos, la fuerza moral en las novelas de Martín Luis Guzmán.

Con el triunfo de la Revolución, el péndulo osciló hacia la construcción nacional. Tal vez Vasconcelos haya sido —como creía Cosío Villegas— "el único intelectual que gozó de la plena confianza de un jefe revolucionario y alcanzó una fuerza propia y directa, como atestigua el hecho de que resultara a poco un contendiente serio a la presidencia". Pero lo cierto es que el fracaso de aquella campaña presidencial no impidió a la generación heredera de Vasconcelos —la de 1915, llamada de los Siete Sabios, que habían nacido entre 1890 y 1905— emular con éxito su gestión constructora en el campo de la economía, la reforma social y la cultura. Fundaron decenas de instituciones, entre ellas el Banco de México y el de Crédito Agrícola (Gómez Morin), la Confederación de Trabajadores de México (Lombardo Toledano), el Instituto Nacional de Cardiología (Ignacio Chávez), el Instituto Nacional de Antropología e Historia (Alfonso Caso), el Fondo de Cultura Económica y El Colegio de México (Daniel Cosío Villegas), *Cuadernos Americanos* (Jesús Silva Herzog).

La luna de miel terminó en 1940. Cuando el poder desvió el rumbo que cada uno de ellos consideraba revolucionario, los intelectuales de la generación de 1915 marcaron su distancia siguiendo dos caminos: la política de oposición y la crítica independiente. Gómez Morin fue el caso más notable de la primera postura: fundó el PAN en 1939. Lo siguió Lombardo Toledano, creador del Partido Popular en 1947. (El tiempo ha demostrado que la opción de ambos era correcta: basta imaginar la vida política actual sin partidos de oposición.) Como ensayistas, los intelectuales de 1915 mantuvieron un temple que no desmerece frente a la obra de Caso, Vasconcelos, Mariano Azuela o Martín Luis Guzmán. Los ejemplos sobresalientes son Narciso Bassols, Jesús Silva Herzog (críticos del modelo político y económico poscardenista) y Daniel Cosío Villegas (que demostró el agotamiento de las tesis revolucionarias en 1946). Sin embargo, su obra como escritores no guarda proporción con su talento. "El deseo de servir y de cumplir con una tarea colectiva", escribió sobre ellos Octavio Paz en *El laberinto de la soledad*, "y hasta cierto sentido ascético de la moral ciudadana, entendida como una negación del yo, muy propio del intelectual, ha llevado a algunos a la pérdida más dolorosa: la de la obra personal". El juicio es cruelmente exacto. Sólo Cosío Villegas asumió tardía y apasionadamente su vocación de escritor. Los demás terminaron sus días convertidos en "actores mudos e inmóviles" de una realidad muy distinta de la que habían imaginado. Los constructores descubrieron demasiado tarde, entre la frustración y la amargura, su vocación de libertad.

Un poco más jóvenes que los Siete Sabios, los Contemporáneos siguieron la lección de Alfonso Reyes: cuidar a toda costa la obra literaria personal. El riesgo en que incurrieron fue el del propio Reyes, polígrafo admirable que sin embargo obturó en sí mismo la dimensión crítica. Algunos alcanzaron los más altos puestos en Educación (Torres Bodet) y Relaciones (el propio Torres Bodet, Gorostiza), o terminaron en un cinismo hedonista (Novo). Otros, con mejor fibra moral, asumieron su responsabilidad crítica transfiriéndola a la esfera más sutil y profunda de la cultura y el arte. Jorge Cuesta escribió los ensayos más lúcidos de los años treinta contra el dogmatismo ideológico y el nacionalismo ramplón. Rodolfo Usigli desnudó la simulación revolucionaria en una pieza tan fundamental como profética: *El gesticulador* (1938). Fueron ellos, y no los funcionarios, quienes perduraron en el aprecio público.

En la generación siguiente —la de los "cachorros de la Revolución", nacidos entre 1905 y 1920— el péndulo comenzó a regresar hacia el modelo de obediencia virreinal. Quizá su representante prototípico fue Antonio Carrillo Flores, quien puso su gran inteligencia y su buena pluma al servicio del sistema. Estos nuevos letrados (abogados y juristas en su mayoría) formaron parte de los gabinetes presidenciales de Alemán a Díaz Ordaz. Su relación con el poder es exactamente igual a la de "los Científicos" del porfiriato. No inventan instituciones, las consolidan con eficacia. No tienen obra personal que salvar: su obra es el sistema político mexicano. Por eso no escriben memorias. Para su desgracia, el sistema que crearon no fue la legendaria monarquía de los Habsburgo: fue apenas un paréntesis en la historia mexicana. Nadie los recuerda como intelectuales. Pocos los recuerdan como políticos.

En la misma zona de fechas se encuentra una promoción más joven: los intelectuales vasconcelistas. Algunos volvieron al jugoso redil de la Revolución mexicana. Otros encontraron vías de creatividad en la literatura y el arte. Varios más recurrieron a las vías probadas de la disidencia que iban desde el periodismo crítico (Alejandro Gómez Arias, José Alvarado) hasta la más radical militancia de oposición inspirada en los grandes iconos de la *inteliguentsia* bolchevique. El mito de la Revolución hechizó desde entonces a dos de los más notables intelectuales del siglo XX en México, nacidos ambos en 1914: José Revueltas y Octavio Paz. A los ojos de Paz, Revueltas vivió la pasión revolucionaria como un fervoroso y desgarrador calvario. Al igual que Revueltas, Paz incorporó esa pasión a su literatura, salvó su obra personal y se salvó con ella. Ambos vieron renacer la esperanza revolucionaria en el movimiento estudiantil de 1968. Pero mientras Revueltas —espíritu religioso— se soñó inútilmente, entre excomuniones y abjuraciones, como profeta del poder revolucionario que redimiría de una vez por todas la miseria humana, Paz —espíritu humanista— se desligó de burocracias y dogmatismos, perdió sus ilusiones redentoras y, a raíz del 68, descubrió en la tradición republicana una vía más asequible para la acción del intelectual.

En el México de los cincuenta no había casi lectores ni electores: era el país del gran elector. Los partidos de oposición eran débiles, las críticas serias al gobierno se hacían en revistas de poca circulación. En medio del nuevo triunfalismo, el viejo "pacto tácito" se hacía explícito en la frase de un escritor: "Vivir fuera del presupuesto es vivir en el error" (César Garizurieta). Es verdad que la Universidad Nacional Autónoma de México (UNAM), El Colegio de México, el Centro Mexicano de Escritores y otras instituciones ofrecían modestas becas. Para algunos, el periodismo y el cine fueron una alternativa. Pero, en términos generales, los intelectuales seguían "agarrados de las tripas", viviendo de aquello que detestaban. El mecenazgo integral de Estado no dejó de tener efectos benéficos para la cultura (como prueba el caso de Arnaldo Orfila, bajo cuya dirección en el Fondo de Cultura Económica floreció la literatura mexicana: Paz, Rulfo, Arreola, Fuentes); pero el ensayo político era terreno vedado. A pesar de los espléndidos suplementos culturales dirigidos por Fernando Benítez, en términos de crítica política los periódicos no ofrecían mayor salida: "la prensa mexicana es una prensa libre que no usa su libertad", escribió Cosío Villegas en 1953, lamentando el servilismo del "cuarto poder" con respecto al Ejecutivo. Sólo una revista semanal, que reunía las voces más disímbolas de la arena intelectual (de Nemesio García Naranjo a Lombardo Toledano), tuvo el mérito de consolidar un margen de independencia: *Siempre!*, fundada en 1953 por José Pagés Llergo.

Hacia los años sesenta, como consecuencia del desarrollo sostenido por más de dos décadas, el público de clase media creció. En respuesta al autoritarismo oficial contra los movimientos sindicales, un sector de la prensa comenzó a usar su libertad. *Siempre!* se fortaleció sin apoyo del gobierno, igual que la más radical *Política*, editada por Manuel Marcué Pardiñas. Nacieron o se afianzaron editoriales independientes (Era, Siglo XXI, Joaquín Mortiz) que publicaron obras perdurables de crítica política como *La democracia en México* de Pablo González Casanova. Las instituciones académicas (la UNAM, en particular) consolidaron su autonomía. Todo ello representaba una fuente potencial de independencia para los intelectuales jóvenes, a quienes Cosío Villegas aconsejaba romper de una vez por todas con la tradición integrista.

El movimiento estudiantil catalizó las opciones de independencia. En aquel julio de 1968 Cosío Villegas cumplió 70 años y se jubiló de la propia Secretaría de Relaciones. Ya no tenía que vivir vicariamente en la República Restaurada: ahora podía revivir las hazañas de sus admirados liberales en el *Excélsior* de Julio Scherer, cuya página editorial llegó a ser la más rica en la historia contemporánea del país. A raíz del 2 de octubre de 1968, Octavio Paz (que había trabajado por más de dos décadas como funcionario y embajador en la Secretaría de Relaciones) sentó un precedente histórico: su renuncia a la embajada de la India fue un grito de independencia para los intelectuales mexicanos. En 1970 Paz volvería al país. Pronto fundaría *Plural* (revista independiente que nació asociada al *Excélsior* de Scherer) y más tarde *Vuelta*. Fue en *Plural*, significativamente, donde Paz convocó en 1972 a una memorable mesa redonda sobre la relación del intelectual y la política. En su texto introductorio, Paz señaló: "Como escritor mi deber es preservar mi marginalidad frente al Estado, los partidos, las ideologías y la sociedad misma. Contra el poder y sus abusos, contra la seducción de la autoridad, contra la fascinación de la ortodoxia".

Las generaciones, como los hombres, no experimentan en cabeza ajena. Luego de la tragedia de 1968, y con la experiencia reciente y remota de tantos intelectuales que sacrificaron su ascendiente moral y su obra en el trono del príncipe, la generación del medio siglo (nacida entre 1920 y 1935) incurrió en una regresión: se integró al régimen de su coetáneo Luis Echeverría para "cambiar las cosas desde dentro". En teoría, sus razones eran impecables y Echeverría las adoptó como un credo: corregir el rumbo de la Revolución, cumplir las promesas postergadas, reintroducir la justicia social, cambiar el reparto desigual de la riqueza, volver al ideario cardenista, defender los recursos naturales, someter a la burguesía y al imperialismo. Pero ¿necesitaban integrarse al gobierno para propiciar su programa? Ellos lo consideraron indispensable.

No toda la generación del medio siglo (sin duda la más nutrida, variada y talentosa de la historia cultural contemporánea) emprendió ese camino. Un sector mayoritario dentro de ella siguió la pauta de los Contemporáneos: eligió desde un principio vivir al margen de la política y a veces de espaldas a ella. La generación incluía poetas de primer orden, novelistas, pintores y artistas que alcanzarían fama internacional, filósofos que introdujeron rigor y pulcritud lógica en su disciplina, sociólogos innovadores, historiadores de todos los géneros y para todas las épocas, sólidos científicos, demógrafos, economistas, lingüistas. Su aporte a la cultura mexicana ha sido admirable.

Dentro de este mosaico, un grupo formado en la Facultad de Derecho y El Colegio de México se orientó desde un principio hacia el pensamiento político y la acción. En los años cincuenta, gracias a sus maestros —los españoles transterrados, sobre todo José Gaos y Manuel Martínez Pedroso— y a sus viajes por Europa, el grupo amplió sus horizontes. Habiendo llevado hasta sus límites la indagación existencial sobre "el mexicano", los jóvenes superaron definitivamente el solipsismo de la cultura mexicana y rompieron "la cortina de nopal". Su "camino a Damasco" fue la Revolución cubana.

Introdujeron en México el marxismo académico. Publicaron textos de crítica social y reportajes contra el gobierno y el orden capitalista en la *Revista de la Universidad* y en el suplemento *La Cultura en México* de *Siempre!* Fundaron la revista *El Espectador*, escribieron en *Política* y se afiliaron al Movimiento de Liberación Nacional, embrión de la izquierda independiente, apadrinados por Lázaro Cárdenas. Lectores y amigos de C. Wright Mills, concebían la misión del intelectual como una vanguardia revolucionaria ligada orgánicamente a los movimientos populares.

Para influir en el rumbo del país, en 1971 tuvieron al alcance varias opciones al margen del Estado: crear un partido de oposición (que abandonaron a los pocos meses, dejando casi solo a Heberto Castillo); fundar empresas culturales independientes (labor que, por lo general, dejaron a la generación anterior y la siguiente); aprovechar el fugaz clima de libertad para penetrar en los medios de comunicación (que no aprovecharon en lo más mínimo); elevar el nivel del debate académico y afianzar los centros de investigación hasta darles un nivel internacional (área en la que hicieron importantes contribuciones); y, desde luego, ejercer la crítica por escrito (que acallaron durante todo el sexenio o convirtieron en elogio al régimen). Su empeño principal fue colaborar con el presidente que se proclamaba "revolucionario". En la práctica todo se tradujo en una vuelta al paradigma porfiriano: los intelectuales se volvieron los nuevos letrados de la izquierda oficial.

Bien vista, su integración se había dado mucho antes, a mediados de los sesenta. Díaz Ordaz conservó en su archivo las listas con los nombres precisos de algunos de estos intelectuales incorporados a las nóminas de los candidatos presidenciales y hasta al mismo PRI. Ya en el régimen de Echeverría ocuparon varias zonas del poder: secretarías, subsecretarías, direcciones, consejerías, embajadas. Allí alcanzaron una influencia colectiva sin precedente en la historia contemporánea del país. Allí acompañaron a Echeverría en sus giras y excentricidades sin límite. Antes la muerte que la renuncia (o siquiera la distancia), con respecto al compañero presidente. Cualquier desviación (y hasta el crimen del Jueves de Corpus) podía atribuirse, convenientemente, a los "emisarios del pasado". Sin darse cuenta o con los ojos abiertos, sacrificaron lo más preciado: la vocación crítica y la libertad intelectual.

"La falta de libertad intelectual", escribió George Orwell, "mutila al periodista, al historiador, al novelista, al crítico y al poeta, en ese orden". Con el propósito de limpiar su responsabilidad en el 68, Echeverría mutiló a los intelectuales de la generación del medio siglo que declararon o asumieron el célebre *dictum*, "Echeverría o el fascismo", sólo para comprobar —en el golpe final del gobierno a la libertad de prensa y a *Excélsior*— que el régimen, al que con tanta asiduidad habían servido, podía ejecutar tranquilamente medidas fascistas. Fue en esos años en que Echeverría subía a los intelectuales en "aviones de redilas" cuando la integración del intelectual al poder comenzó a parecer deshonrosa y deshonesta.

Con el tiempo, algunos miembros de este grupo tomaron distancia del poder y regresaron a la posición moral de intelectuales. Otros se sumaron al pequeño contingente de periodistas críticos que siempre existió en la generación, o emprendieron el camino de la disidencia política: salieron valerosamente del PRI y fundaron el PRD. Otros más siguieron aferrados al poder hasta que el poder se deshizo de ellos. Fue entonces —y sólo entonces— cuando descubrieron, de pronto, las bondades de la democracia.

Un caso digno de admiración y análisis fue el de Jesús Reyes Heroles. Algo mayor que el grueso de esta generación, trabajó dentro del gobierno logrando una extraña síntesis entre las dos vocaciones. Devoto y estudioso de los liberales, quiso probar con su obra escrita la continuidad del liberalismo y la Revolución. Lo logró muy a medias (llamar liberal al PRI es torturar el lenguaje). Y sin embargo, paradójicamente, el mejor ejemplo de esa continuidad lo dio él mismo con la reforma política que ideó y puso en práctica como secretario de Gobernación en tiempos de López Portillo. Esa reforma que abrió las puertas de la democracia a la izquierda fue un aporte histórico a la vida republicana de México. Así, la biografía de Reyes Heroles no contradice la pauta, la confirma: operó desde dentro para separar los poderes de la República. Vivió siempre entre libros, nostálgico del libro que nunca escribió. En sus últimos días, resumió toda su sabiduría en un ensayo a la manera de Ortega: "Mirabeau o el político".

Finalmente está el caso heterodoxo de Gabriel Zaid: sus convicciones democráticas y su distancia absoluta del príncipe no han variado desde mediados de los sesenta, cuando empezó a publicar. Fue él quien primero acotó el tema de los intelectuales en 1972 como un problema de división de poderes: "El poder literario es tan real, aunque sea minúsculo, que los otros poderes tratan de sumárselo, desconocerlo, ridiculizarlo o aplastarlo. Lo que a su vez puede crear la ilusión (hasta en el público) de que es un poder mayor o de otro tipo del que realmente es".

Quienes participamos en el movimiento estudiantil de 1968 y vimos con nuestros propios ojos la matanza del 10 de junio de 1971 nacimos a la vida pública con una vocación definida: procurar un cambio en el estado de cosas que había llevado al sistema a cometer esos crímenes.

La generación intelectual del 68 se formó sobre todo en las facultades humanísticas de la UNAM y El Colegio de México y se lanzó a la arena pública en los periódicos y suplementos culturales de la capital. Un foro de especial importancia (había varios otros) fue *México en la Cultura,* que dirigía Carlos Monsiváis. Desde un principio, y a diferencia de los antecesores inmediatos, la generación desechó por mínima salud moral las opciones de hacer política dentro del gobierno: ni fantasear siquiera con la presidencia, aspirar a una secretaría, una gubernatura, un lugar en el PRI, una embajada, una empresa descentralizada o hasta la más inocua comisión o empleo oficial. Aquel antiguo "pacto tácito" perdió vigencia. Los intelectuales dejaron de estar "agarrados de las tripas".

Los caminos políticos de la generación fueron muy variados, pero el tono general ha sido la disidencia de izquierda manifestada o ejercida en ámbitos académicos, periodísticos, partidistas y, en algunos casos, revolucionarios. Más factible pareció a algunos la alternativa de participar en la creación de empresas culturales e intelectuales con algún apoyo del Estado. Es el caso de quienes fuimos discípulos de Cosío Villegas. Veíamos en él un ejemplo a seguir. Su trayectoria ofrecía varios caminos, a veces cruzados, que él volvía compatibles gracias a su inmenso prestigio, su obra tangible y su solidez intelectual. Por un lado, estaba su labor de empresario cultural e historiador: en pleno periodo de

Echeverría logró el apoyo del Estado para la serie, en 23 volúmenes, *Historia de la Revolución mexicana* de El Colegio de México, que él mismo coordinó por un tiempo. Paralelamente, ejercía una crítica sin precedentes ni cortapisas que exasperaba al régimen.

Había pasado mucha agua bajo el puente desde que Cosío Villegas creara el Fondo de Cultura Económica o El Colegio de México. Había que operar dentro de límites más estrechos y acreditar la propia independencia crítica de manera continua y pública, como lo hizo Cosío frente a Echeverría. Si la empresa que se establecía tenía un sentido puramente cultural, académico o artístico, el mecenazgo mayoritario podía provenir legítimamente del Estado (sobre todo ante la ceguera histórica de la iniciativa privada en asuntos de cultura). Pero si la empresa que se fundaba (revista, editorial) iba a tener una vocación crítica y de servicio a la opinión independiente, era fundamental diversificar las fuentes de financiamiento entre el Estado y la iniciativa privada (que tímidamente comenzaba a contribuir a estos esfuerzos) y apoyarse sobre todo en el nuevo público lector (que casi no existía en los tiempos en que Cosío creó el Fondo). De no seguir por ese camino, la dependencia del gobierno podía resultar peligrosa. La más distraída revisión pública de las fuentes de ingreso y financiamiento de las principales revistas intelectuales fundadas desde los años sesenta demuestra a las claras cuál de ellas se ajustó, y cuál no, a las reglas de la independencia.

El contacto esporádico del intelectual con el poder es un dato habitual en nuestra vida política que en sí mismo no tendría por qué ser satanizado. No es un pecado: es, antes que nada, una pérdida de tiempo. Pero la cercanía es una cuestión de grados y en este sentido es preciso, de nueva cuenta, hacer distinciones. Cuando el contacto esporádico con el poder se vuelve franca y amistosa asiduidad (innumerables y públicas comidas, cenas, fiestas, viajes intercontinentales), la química mental de los intelectuales sufre una transformación. No sin incurrir en contradicción y anacronismo —puesto que su bandera ha sido la modernización—, algunos escritores de la generación del 68 volvieron al viejo e ilusorio paradigma de cambiar las cosas "desde dentro", o "desde (muy) cerca". Se repetía con ellos el caso de Echeverría: necesitado de legitimidad tras el fraude de 1988, Salinas propiciaba la "mutilación intelectual" de un pequeño sector de la generación. Acaso con buena fe, estos intelectuales adoptaron la perspectiva, el programa y por momentos hasta la retórica del poder. De nada sirvió al público lector su asiduidad con el príncipe: vieron lo que no existía y no vieron lo que había que ver. Perdieron contacto con la verdad.

Por fortuna, este sacrificio del saber al poder ha sido la excepción a la regla. Salvando en varios casos la obra personal (literaria, histórica, artística), la generación intelectual de 1968 ha hecho su mayor aporte a la vida pública de México en terrenos autónomos y aun contrarios al sistema. Habiendo partido de una formación revolucionaria y marxista que esterilizó muchos destinos, el grueso de la generación ha descubierto finalmente los valores democráticos y republicanos. La generación del 68 incluye varios ensayistas políticos. A ella se debe, en gran medida, la reforma del periodismo en México, un periodismo libre, profesional, exigente y crítico que empieza a recordar al que ejercían los liberales. La alternativa de crear partidos de oposición, o militar en ellos, es hoy más válida y eficaz que en tiempos de Gómez Morin y Lombardo Toledano. En el PAN y el PRD hay casos notables de vinculación creativa entre el quehacer político y el intelectual.

La mayor parte de la generación de 1968 entendió a tiempo la lección de nuestra historia: en una democracia inexistente, en una república en ciernes, como ha sido México por casi 200 años, la responsabilidad del intelectual está en fortalecer su autonomía y procurar la separación de su propio poder con respecto al gran poder del príncipe de turno. La sociedad mexicana rechaza la integración del intelectual al poder porque intuye que la receta clásica que Montesquieu aplicaba a los poderes formales debe ser la regla de todos los demás poderes: Iglesia, empresarios, prensa, universidades, partidos e intelectuales.

La clave —como escribió Cosío Villegas— está en "rehusarnos a participar en un juego cuya primera regla de caballeros es renunciar a ser intelectual". Ni príncipes poetas, ni avatares del cihuacóatl, ni letrados de la corte, ni teólogos del dogma revolucionario, ni consejeros áulicos, ni gallos que quieran maíz, ni agarrados de las tripas, ni firmantes de pactos tácitos, ni becarios del presupuesto, ni embajadores de lujo, ni ministros sin (o con) cartera, ni viajeros de primera clase en "aviones de redilas", ni tinterillos a sueldo, ni ideólogos, ni voceros, ni asiduos. La misión de los intelectuales no es gobernar, sino criticar.

Los idus de marzo

(1999)

"Carlos Salinas puede terminar como personaje de una tragedia shakespeariana", le dije al corresponsal de *Newsweek* a principios de marzo de 1994. Más que formular una vaga premonición, trataba de afirmar la idea de que el poder en México había adquirido una contextura teatral no muy alejada de la Inglaterra medieval. No era difícil trazar paralelos entre el libreto que había escrito para sí mismo el presidente Salinas y algunos temas shakespearianos. El más claro era la ilegitimidad de origen, ese espectro culpable que inquieta los sueños de Enrique IV, esa mancha de sangre vengadora en las manos de Lady Macbeth. Salinas no era propiamente, como ellos, un usurpador: no había llegado al poder destronando o asesinando al monarca legítimo, pero una sospecha indeleble sobre su triunfo en las urnas marcó su sexenio. De allí provino quizá su prisa por afirmar su credibilidad, la audacia permanente de su liderazgo y la dimensión de su proyecto: él iba a destronar con hechos a los millones de ciudadanos que votaron en su contra, él iba a disipar la sombra hasta volverla una luz cegadora que disimulara la quema de las boletas electorales en el Palacio Legislativo.

El éxito parcial de esa reversión lo había llevado a incurrir en otra actitud típicamente shakespeariana: el abusivo ejercicio del poder absoluto. Aquí su antecedente era Ricardo III, el conspirador por antonomasia que "enviaba a la escuela al sanguinario Maquiavelo" y trasmutó en voluntad de poder el rencoroso fardo de su atrofia física. Salinas también le daba clases a Maquiavelo, pero sus fardos eran otros: el haber llevado a extremos casi sicilianos —mediante el disimulo, el consentimiento o la abierta complicidad con las actividades ilícitas de su hermano— la práctica del patrimonialismo político. La "familia revolucionaria" podía seguir reinando sobre México, pero la familia Salinas reinaría sobre ella. Buen jinete, a la postre habría dado también su reino por un caballo, pero años antes, en plena gloria, buscó seriamente la reelección directa e inmediata o, en el peor de los casos, la indirecta y mediata que preparara su vuelta triunfal en el año 2000. Entonces sí la votación sería mayoritaria en favor suyo y de su partido —Solidaridad o PRI—, entonces sí podría dar pie a una reforma política pausada, regulada desde lo alto de una presidencia imperial en cuyo trono reinaba un César no sólo todopoderoso en México y prestigiado en el mundo sino —por la interpósita persona de su hermano— inmensamente rico. Tal vez entonces el único problema de Carlos habría sido Raúl, que le hubiera reclamado, ya no con dinero sino con poder, sus derechos de primogenitura en la conspiración por adueñarse de México.

Yo apoyé públicamente parte del desempeño económico del gobierno. Pero a todo lo largo de su gestión señalé los gravísimos riesgos que implicaba el relegar la reforma política. En octubre de 1993, el presidente me consultó para sondear mi opinión sobre el proceso sucesorio. Me pidió que le diera una opinión franca sobre tres precandidatos: Pedro Aspe, Luis Donaldo Colosio y Manuel Camacho. Se la di, con una inclinación en favor de Camacho. Dado el éxito de la reforma económica era obvio que la tarea pendiente sería la reforma política: Camacho tenía la voluntad de hacerla. Concedí que era ambicioso, pero ¿qué político no lo era? Aspe, por su parte, era ante todo un economista, y podría seguir —como sucedió con Ortiz Mena— en el equipo de Colosio o de Camacho. En cuanto a Luis Donaldo, mis dudas eran de varias índoles: políticas y psicológicas.

No comenté con Salinas la mayor de ellas: a diferencia de Camacho, que era su hermano político, Colosio era a todas luces el hijo político de Salinas, su protegido. Nombrarlo a él era optar por un maximato, con Colosio en el papel de Portes Gil, Ortiz Rubio o Abelardo Rodríguez. Esta reelección por interpósita persona anulaba de entrada la posibilidad de cualquier reforma política. No era la reversión y menos la superación de la ilegitimidad de origen:

era su consolidación. Toda la historia mexicana del siglo xx estaba construida de frente y en contra de la reelección personal —no de partido—. Atentar contra ese principio era pactar con el diablo, que en México no significa otra cosa que desatar la violencia. Sin embargo, alcancé a formularle una paradoja suficientemente clara: "Para permanecer hay que irse; el riesgo de irse está en permanecer".

Salinas negaba toda intención de permanecer. Tocaba madera —literalmente, en su oficina— al escuchar la palabra *hybris* y decía ansiar el término pacífico de su sexenio, con un futuro idílico entre memorias, amigos y libros. Por eso mi razonamiento crítico se centró en la personalidad de Colosio: "Es un hombre limpio, inteligente, bueno (demasiado bueno, tal vez), recuerda un poco a Adolfo López Mateos, habla muy bien en público, pero tiene una fractura de carácter que no alcanzo a descifrar. La fractura existe y un hombre fracturado no puede gobernar".

Salinas me escuchó con esa concentración hipnótica que tenía. "Es difícil no querer a Manuel", me dijo. Pedro era reservado, pero sumamente inteligente, y en esa reserva mostraba su talento político. En cuanto a Colosio, evadió el tema de la fractura, me habló de Diana Laura, la mujer de Colosio. Me dijo que era ella quien impulsaba a su marido. Le apenaba su enfermedad, pero de sobrevenir un desenlace el pueblo saldría a la calle en manifestaciones de piadosa simpatía hacia Luis Donaldo. Enseguida me hizo ver la experiencia que Colosio había acumulado en Sedesol. "Es cierto —contesté—, además tiene gran sentido humano." "Que no es una cualidad menor", acotó de inmediato. Me pidió que hablara con los precandidatos y volviera a verlo en unas semanas con una opinión más perfilada. Llegué con unos apuntes biográficos en los que fundamenté adicionalmente mis razonamientos —haciendo hincapié en la teoría de la fractura—, pero me atajó implicando que no tenía caso: "Todos son tus amigos". Sospeché que la decisión estaba tomada.

Días más tarde viajé a España para acompañar a Octavio Paz a la entrega del Premio Príncipe de Asturias concedido a *Vuelta*. Una noche llegamos al hotel de Oviedo mi padre, mi hijo León y yo. Prendimos la televisión y pude ver el destape de Colosio. Escuché sus primeras palabras. Advertí un lapsus: dijo algo así como "Viva el Partido de la Revolucionario Institucional". Lamenté en ese momento la decisión que me parecía no sólo irrevocable sino irresponsable. Pero allí estaba la primera prueba de mi hipótesis biográfica: traicionado por su subconsciente en el momento mismo de ser ungido, Colosio había estado a punto de arruinar su campaña presidencial. Era una nueva y aún más macabra representación de Shakespeare: el heredero al trono que no quiere —o no puede, o no debe, o no sabe, o teme— ser rey.

Hablé por primera vez con Luis Donaldo Colosio alrededor de 1991. Antes de aparecer en el comedor de su casa, sus ayudantes pusieron música que seguramente a él le parecía adecuada para mostrar su "nacionalismo": el *Huapango* de Moncayo. Ya en la mesa dijo lamentar la reciente derrota del PRI en Baja California, pero admitió que era previsible y acaso necesaria. Habló un poco de su origen norteño —franco, liberal, individualista—, criticó los usos patrimonialistas y corporativistas del viejo PRI y explicó con detalle el trabajo de descentralización que estaba llevando a cabo. Hablaba como un político de oposición al PRI, en la cima del PRI.

Cuando sobrevino la crisis postelectoral en Guanajuato, vi a Colosio en su oficina, una casa discreta y modesta, en la calle de Aniceto Ortega. "El candidato del PRI va a renunciar", me dijo, con una satisfacción apenas disimulada. Su actitud en relación con el movimiento del doctor Salvador Nava en San Luis Potosí fue similar: había que abrir ese espacio a la oposición, más aún cuando en las elecciones legislativas federales de 1991 el PRI había recuperado con creces el terreno perdido en 1988. No obstante, en julio de 1992, cuando fue el PRD quien impugnó las elecciones de Michoacán, Colosio —titular, ya para entonces, de Sedesol— no transigió. Al parecer, el candidato del PRI era hombre de su confianza. Lo paradójico es que la apertura era parcial y no incluía al enemigo histórico de Salinas: el partido de Cárdenas.

Alrededor de esos meses cundió el rumor de la reelección salinista. Se decía que al designar a su primer mentor, Gonzalo Martínez Corbalá, como gobernador de San Luis Potosí, Salinas medía las aguas para una posible ampliación de su mandato por dos años e incluso para la reelección. Fidel Velázquez lo proclamaba abiertamente y los jerarcas de la iniciativa privada lo sugerían *sottovoce*. No faltaron voces preocupadas, entre ellas la de Fernando Gutiérrez Barrios, que sutilmente negó que la reelección fuera siquiera pensable. Salinas debió modificar entonces su postura y orientarse hacia el dilema que por esas fechas escuché de labios de José Córdoba: "Ser Calles o Cárdenas, he ahí la cuestión". Emular a Cárdenas significaba renunciar al poder, irse, para permanecer sólo como una influencia moral. Seguir a Calles suponía permanecer en el poder, con el riesgo de perder toda influencia e irse al exilio. Optó por Calles.

En mayo de 1993, Colosio convocó a un Congreso Internacional sobre los temas de libertad, democracia y justicia. Me pidió que le sugiriera algunos nombres y le ayudara a diseñar el formato. El Congreso transcurrió sin pena ni gloria, pero en el curso de esos días advertí la marcada inseguridad de Colosio, no digamos en torno a los grandes temas del debate intelectual —cosa natural, porque no era un hombre de ideas— sino a detalles verdaderamente nimios: cómo referirse a los invitados, cómo escribir una carta, la designación de un ayudante o un chofer, qué decir en la inauguración y en la clausura. Tomaba nota de todo. No mandaba: obedecía. En la ceremonia final en Los Pinos, Colosio leyó con voz anacrónicamente impostada un discurso en el que yo había hecho unas observaciones intrascendentes. A la salida me dio, conmovido, una tarjeta, que aún conservo, con un agradecimiento más que excesivo, pero que revelaba la angustia con la que Colosio había vivido todo el ciclo: "Nunca olvidaré tu ayuda".

Mi aprecio personal por Luis Donaldo crecía. También mi preocupación. La ternura no se aviene con el poder. La noche del destape en Oviedo entendí que mis modestos afanes de disuasión habían sido inútiles. En la cumbre histórica del Tratado de Libre Comercio, desde las entrañas del poder se fraguaba la mayor reversión política desde los años treinta: el maximato salinista, el "salinato". Colosio, acaso sin advertirlo plenamente, era su instrumento.

O tal vez sí lo advertía. Un amigo le escuchó comparar a los Salinas con los Corleone. No podían ocultársele las consecuencias de su deuda con el clan. Tal vez entendía la incompatibilidad entre sus genuinas convicciones democráticas y el papel en el que Salinas, tácitamente, lo colocaba. Al regreso de España lo visité en su nueva casa en Tlacopac. A mano derecha estaba su estudio: tres paredes con libros más regalados que leídos, una computadora sencilla, cubierta y sin usar, una estatuilla de Zapata. Los sillones de piel eran negros, como de consultorio médico. Colosio me recibió con cordialidad, cargó un instante a su hijita, regañó cariñosamente al pequeño Luis Donaldo por echar chinampinas en la sala, y conversamos un rato sobre la necesidad de inaugurar los debates públicos por televisión.

Era obvio que estaba sufriendo y que guardaba para sí el motivo del dolor. No podía no torturarlo la inmensa responsabilidad histórica que había asumido en una condición de fragilidad personal, con sus niños pequeños y una esposa gravemente enferma. Ella, en efecto, lo animaba. Desde joven había mostrado una vocación política de servicio que, a los ojos de su amigo Ramón Alberto Garza, guardaba ciertos paralelos con Evita Perón. Tal vez el poder obraría en ella cualidades taumatúrgicas: la curaría, la salvaría. Luego de esa ocasión, no tuve noticias de Colosio. Hacia fin de año me llamó para "tocar base" y hacerme ver, casi en tono de ruego, que las encuestas desfavorables "estaban mal". Tiempo después supe que había pasado esas semanas decembrinas en medio de una depresión.

Colosio sabía mejor que nadie que Chiapas era un polvorín. Así nos lo comentó a algunos amigos y a mí en una cena en septiembre. El olvido de ese estado por parte de la federación era una vergüenza nacional, lo mismo que las corruptelas e injusticias que en él se cometían. Temió, pero no previó el estallido de la guerrilla. Es seguro que lo viviera como una imperdonable falla personal y política, la prueba final de su incapacidad o su mala estrella. Lo vi el martes 4 de enero de 1994 en su casa. Estaba totalmente abatido. "Mis asesores dudan de que mi presencia en Chiapas sirva de algo: si voy es oportunismo, si no voy es indiferencia." Al parecer, el propio presidente le impidió concentrar su campaña en Chiapas. De ser así, ¿por qué lo permitió? Pocos días después, Salinas encomendó a Manuel Camacho la negociación de la paz. Para Colosio fue un golpe directo. Ya era suficiente afrenta que su rival político se hubiera rebelado contra la decisión de su nombramiento, pero ahora ese mismo competidor irreductible se haría cargo de un problema que, al menos parcialmente, había sido de su incumbencia directa. Aunque no lo expresaba de manera abierta, creo que interpretó el nombramiento como lo que era en los hechos, un post-destape alternativo, una insólita bicandidatura, la ambivalencia que condenaba a la opinión pública "a hacerse bolas". En las antípodas de Salinas, Colosio se asemejaba al desdichado Enrique VI, que en la víspera de la guerra civil evoca la bucólica vida de los pastores y la compara con la suya, "envuelta en la inquietud, la desconfianza y la traición".

Su campaña "no levantaba", y él lo sabía, lo sentía. Lo lastimaban los abucheos en los mítines. Alguien lo confundió públicamente con Camacho, cuya estrella ascendía con el éxito aparente de las pláticas de paz. Algo ominoso flotaba en el ambiente. Se decía que Colosio no llegaría a las elecciones porque "lo enfermarían". O tal vez él se retiraría. Volví a verlo el domingo 27 de febrero. Ahora su esperanza estaba cifrada en el discurso del 6 de marzo. Me pidió que, como amigo, le diera mi opinión sobre el documento. Creí ver huellas de llanto o de insomnio en sus ojos enrojecidos.

Llegaron los idus de marzo. El día 4 por la noche recibí en un sobre sellado el discurso. Lo corregí levemente con plumón rojo, le agregué dos o tres pequeñas frases, taché las tres menciones que hacía de Salinas. Sonó el teléfono. Era Colosio en persona. "No me lo mandes, yo te caigo a las doce en tu casa." Al día siguiente lo recibí. Yo estaba solo. Le leí mis propuestas. "Ya quité las menciones", me dijo. Esta vez parecía confiado. Nos despedimos en la puerta, y para mi estupor noté que su chofer tenía estacionada su camioneta a unos 100 metros de distancia. Cubrió la distancia solo, sin guardias personales.

El discurso del 6 de marzo causó revuelo, pero no logró animar la campaña. Muchos pensarían después que fue el epitafio de Colosio. El 15 de marzo por la noche nos invitó a cenar junto con dos matrimonios: Octavio y Marie Jo Paz, Alejandro y Olbeth Rossi. Venía con el rostro descompuesto por una nueva puñalada: en su mismísima *alma mater*, el Tecnológico de Monterrey, lo habían increpado. Charlábamos deshilvanadamente. Colosio, como siempre, guardaba largos silencios, tomaba nota y asentía con un innecesario "sí, señor". Un arpista tocaba junto a la escalera una música celestial. A la salida Isabel, mi esposa, y yo coincidimos en observar la atmósfera sombría de la reunión.

A la mañana siguiente desayuné con Julio Scherer. Le narré la cena de la noche anterior y él me confió su último encuentro con Colosio. No era yo el único en advertir su quebranto. Yo tenía un viaje inminente a España, pero Scherer y yo convinimos en un plan para el regreso: nos reuniríamos con Colosio y procuraríamos convencerlo de retirar su candidatura. Fue en España cuando una llamada nocturna de Ramón Alberto Garza me dio la espantosa noticia: "balacearon a Colosio, extraoficialmente te puedo decir que está muerto".

¿Entrevió Luis Donaldo su muerte? Seguramente no. Apunta Plutarco que el hado de César "no fue tan inesperado como poco precavido". Pero Colosio no era César, no pensaba como César. Tal vez su falta de precaución entrañara una secreta convocación del peligro, un oscuro deseo de apurar al destino y resolver la tensión. Lo cierto es que en él —y en Salinas, que lo ungió— se cumplía una regla de hierro en México: el poder no sólo destruye a quien abusa de él, también a quien lo rehúsa.

En la novela de Thornton Wilder *Los idus de marzo*, César lamenta la alta probabilidad de perecer "bajo la daga de un loco". No ignoraba los augurios, las señales, las ansiosas conspiraciones, pero era otra la suerte que deseaba:

> ¿No sería un descubrimiento maravilloso encontrar que alguien me odia a muerte pero con odio desinteresado? [...] Hasta ahora no he descubierto entre quienes me aborrecen sino los impulsos de la envidia, de la ambición personal y de un consolador espíritu de destrucción. Quizás en el último instante me sea dado contemplar el rostro de un hombre cuya única obsesión sea Roma y cuyo único pensamiento la certidumbre de que yo soy el enemigo de Roma.

¿Quién mató a Luis Donaldo Colosio: el odio de la ambición o del desinterés? ¿Fue víctima de una conspiración tramada por el presidente Salinas? Es muy difícil creerlo: la bala que mató a Colosio hirió mortalmente a Salinas. ¿Fue víctima de una conspiración tramada en las entrañas de la familia revolucionaria para destronar a la familia Salinas? Es posible: había sido desplazada y temía seguirlo siendo por varios sexenios. Y bajo esa hipótesis, ¿a cuál de las dos familias pertenecía, en ese momento, Raúl Salinas?

140

O fue la azarosa daga de un loco, un oscuro resentimiento, el sueño delirante de un "caballero águila" en busca de fama y gloria. De ser así, la muerte de Colosio es doblemente dolorosa porque era el más improbable de los césares. De allí que su asesinato —como el de Madero o Zapata— corresponda más al perfil dramático de un sacrificio que al de un magnicidio, como el de Obregón.

Las balas de Lomas Taurinas recordaron al mexicano la más vieja lección de su historia, algo que había olvidado desde los años veinte: "las fuerzas diabólicas que acechan a todo poder" (Max Weber) y que obligan a ejercerlo, vigilarlo y limitarlo con un permanente sentido de responsabilidad. Diana Laura, en su dolorosa confusión, seguía creyendo que el poder redime: "Si no tuve un esposo presidente, tendré un hijo presidente". Ésas fueron las últimas palabras que le escuché, meses después del asesinato de su marido. En referencia a todo el drama, Octavio Paz me confirmó al teléfono: "Es Shakespeare puro".

La corte de la Muerte había cerrado el círculo de fuego. Era ella, la macabra, quien ahora reinaba indisputada, "burlando el poder del rey, riendo de su pompa, concediéndole un soplo, una breve escena para jugar al monarca, ser temido, matar con la mirada, incitando su egoísmo y sus conceptos vanos, como si esta carne que amuralla nuestra vida fuera bronce inexpugnable".

Un llamado al presidente Fox

(2003)

No fue un lapsus, tampoco un acto fallido, ni siquiera una proyección. Fue la sencilla, cándida, transparente formulación de un deseo: "Mi esposa y yo —declaró el presidente Fox a la cadena Telemundo— estamos construyendo planes para irnos al rancho, a escribir, ojalá a montar a caballo si el médico me deja, y a estar cerca de los hijos y de la familia". Es la nostalgia del terruño, la voz de la querencia, el fastidio de una ciudad inhóspita e impersonal, la decepción de una tarea que ha resultado mucho más complicada e ingrata de lo que parecía en aquellas remotas jornadas del año 2000. Sólo así se explica lo inexplicable, lo inadmisible: que el propio presidente haya dado el banderazo a la carrera presidencial del 2006, cuando no ha completado siquiera la primera mitad de su mandato.

La de Fox —cada vez está más claro— no ha sido hasta ahora una biografía del poder sino del no poder. Su actitud está hecha de muchos factores: confusión entre la lógica empresarial y la política, inexperiencia, ignorancia de la historia, ingenuidad, desaprensión, cierta irresponsabilidad y, sobre todo, incomprensión, una vasta incomprensión. Fox no sabe que no sabe y, lo que es peor, no quiere enterarse. Por eso no tiene preguntas sino respuestas prefabricadas que son como eslóganes publicitarios.

Algún biógrafo futuro explicará tal vez —con seriedad y fundamentos, no mediante chismes e indiscreciones— el misterioso periplo: ¿cómo conciliar al formidable líder de oposición, el minucioso planificador de la campaña presidencial, el apasionado luchador de la democracia, el ingenioso y eficaz comunicador en los debates televisivos, con la figura errática y reticente que habita Los Pinos? Pero, al margen de cualquier teoría biográfica, el país necesita que el presidente se abstenga de ejercer su simbólica dimisión, y a cambio ejerza el legítimo poder que le fue conferido.

En este sentido, el 1 de septiembre representa una nueva oportunidad. Quizá no haya muchas más. En vez de empeñarse en un recuento de sus hazañas pasadas (la gesta histórica del 2000 que la nación sin duda agradece, pero ya ha asimilado) o los logros recientes (el cuidadoso manejo de las finanzas públicas, ciertos proyectos de promoción social y educativa), el presidente Fox debería concentrar toda su energía y su capacidad persuasiva en explicar a los ciudadanos su visión de México. ¿Cómo sería el país si se aprueban las reformas estructurales que a todas luces se necesitan?

¿Qué ocurrirá a mediano y largo plazo si el Congreso las pospone o las bloquea? Un mensaje único y directo.

El ciudadano está cansado de ver y oír a su presidente convertido en locutor, abaratando su investidura en *spots* publicitarios, declaraciones dispersas, comentarios triviales, incidentales y, a menudo, contradictorios, que sólo devalúan lo más preciado que un mandatario tiene: su palabra. El candidato Fox prometió un cambio, *el cambio*, pero la opinión pública ha esperado casi tres años para entender los términos de ese cambio y verlo traducido en medidas concretas. Si el 1 de septiembre presenta su visión de nuestras posibilidades y advierte con precisión los riesgos de la inmovilidad, el presidente estaría emplazando de manera abierta y respetuosa a los partidos de oposición a dejar atrás las querellas inútiles y contestar públicamente —y a corto plazo— en el mismo sentido: explicando sus divergencias y convergencias con respecto a la visión presidencial.

De no responder a ese llamado al debate resolutivo, o esquivarlo con engaños y demagogia, estos partidos quedarían en evidencia como actores políticos de mala fe y el presidente estaría en todo su derecho de señalarlo. Hay un axioma en la política: quien se rehúsa a ejercer el poder que le fue conferido provoca un vacío que, al llenarse, se revierte contra quien dimite, y no sólo lo derrota: lo desprestigia, lo humilla y, a veces, lo destruye.

El poder no es cosa de niños, el poder no necesita de encomiendas a Dios, el poder no se mide en puntos de *rating* sino en indicadores objetivos de responsabilidad y eficacia, y no le basta la honestidad personal ni la buena voluntad. Fox ha perdido un tiempo valiosísimo y un capital político irrecuperable, pero puede devolverle integridad, credibilidad y prestigio a su gestión si se olvida de "construir planes" bucólicos, pospone su "vocación literaria" y se decide a ejercer su mandato con razones y con firmeza. Después de todo sigue siendo, aunque a veces quisiera olvidarlo, nuestro presidente, el presidente de México.

Calderón a medio camino

(2009)

Según la teoría de las generaciones, los ciclos históricos suelen durar 60 años. Así, en el orden político nacido de la Revolución mexicana se dieron cuatro elencos sucesivos, cuya vigencia duró aproximadamente quince años: los fundadores de las instituciones (nacidos entre 1890 y 1905), los encargados de su consolidación (1905-1920), los críticos que las pusieron en tela de juicio (1920-1935) y los rebeldes que buscaron reformarlas, superarlas o destruirlas (1935-1950). La teoría no sólo funciona para entender a los gobiernos del PRI. También al PRD y al PAN.

Puertas adentro en el PAN, Vicente Fox (nacido en 1942) representaba a la generación del cambio. Gracias a su liderazgo, tras seis decenios de "bregar eternidades", el PAN se disponía a ejercer por primera vez el Poder Ejecutivo con una representación considerable en el Legislativo y un nivel superior a 80% de aprobación. Había llegado la alternancia, pero hacía falta un conjunto de reformas estructurales que suponían el desmantelamiento de los intereses y los mitos creados durante 60 años. Fox habría podido proponer esas reformas. El país vivía uno de esos raros "momentos plásticos" cuando se puede modificar el cauce de la vida. Por desgracia, Fox desperdició la oportunidad de sentar las bases para que la siguiente generación (nacida entre 1950 y 1965) inaugurara un orden de madurez republicana y democrática, y enfilara al país hacia la modernidad económica y social que ahora impulsan Brasil y Chile.

Sin esos cimientos y con un retraso generacional de seis años, en 2006 llegó al poder Felipe Calderón (nacido en 1962). No era lo mismo una segunda oportunidad que la primera. Y no era lo mismo llegar en un ambiente de optimismo y euforia que en otro de desconfianza y crispación. Ningún presidente en tiempos modernos tomó posesión en circunstancias tan precarias. La presunción nunca probada de fraude envenenó la atmósfera nacional con un odio sin precedentes. Ese odio se ha enquistado en todos los resquicios de nuestra vida pública, nublando muchas veces el juicio sereno sobre los claroscuros del presidente.

Antes de juzgarlo conviene entenderlo, y asomarse un poco a su biografía. Su padre, Luis Calderón Vega, fue un Quijote del panismo: joven fundador del PAN y editor de Gómez Morin, a pesar de perder 11 veces en elecciones locales no cejó en anteponer la mística del partido a cualquier otro interés, incluido el del bienestar material de su familia. De niño, su hijo lo acompañaba en sus empeños. El libro autobiográfico que Calderón publicó durante la campaña de 2006 da fe de esas privaciones y adversidades. Otra liga íntima suya con el PAN fue el magisterio de Carlos Castillo Peraza, que terminó con la muerte prematura de éste, a los 53 años, en el año 2000. Tras este trance siguieron otros: el áspero desencuentro con Fox, por ejemplo, habría desanimado a un político menos tenaz. La campaña presidencial de 2006 fue otra carrera de resistencia. En su fuero interno, su triunfo en las urnas debió representar la reivindicación de las bregas eternas de su partido... y las de su padre. Pero su victoria fue puesta en duda y esa duda tenaz impediría, de muchas formas, la marcha normal del sexenio. A partir de estas experiencias, no era difícil perfilar en Calderón dos actitudes valiosas —la lealtad y la tenacidad— que sin embargo podían traducirse en una doble limitante: el aislamiento y la obstinación.

En su desempeño ha habido luces y sombras. Su estilo personal —de él y de su esposa— ha sido sobrio. Su experiencia parlamentaria ha servido para negociar con el Legislativo algunas reformas importantes como la judicial, la electoral, la fiscal y, sobre todo, la del ISSSTE. En momentos de crisis —las inundaciones en el sureste, la aparición del virus de la influenza— ha actuado con resolución. Calderón no es carismático, pero transmite la gravedad de su investidura. De allí que su porcentaje de aprobación (al margen de las derrotas de su partido) sea superior a 60 por ciento.

Entre las sombras advierto tres. Su lema electoral, "Seré el presidente del empleo", se ha desmentido en la práctica, no sólo debido al terrible contexto global sino a la inercia de una estructura gubernamental que puede "absorber" cualquier monto de dinero de una manera improductiva. Este problema debe ligarse con otra promesa malograda: el gabinete plural. Acaso por su desconfianza casi congénita ("tu naturaleza, tu temperamento es ser desconfiado, hasta de tu sombra", le escribió en 1996 Castillo Peraza), Calderón no ha querido o sabido atraer personas más capaces, ajenas a su círculo cercano. Otra falta fue transigir en la dilución de la reforma energética: debió señalar los riesgos que corríamos desde entonces (y que ahora comenzamos a ver, en toda su dimensión) por no abrir el sector.

El combate al crimen organizado ha sido, para bien y mal, la divisa de su gobierno. Aunque hay un cierto reconocimiento público al valor de la decisión, no faltan las dudas razonables sobre su instrumentación y persiste una incertidumbre abrumadora sobre su eficacia. La población carece de parámetros para juzgarla y el gobierno no ha sabido darlos. Era, creo, una guerra ineludible desde hace tiempo: las escenas de decapitados antecedieron a Calderón, como un indicio macabro que no admitía actitudes de avestruz.

Al margen de sus aciertos y errores, hay un factor que incide en el juicio que se hace al presidente: me refiero a la vieja antipatía intelectual hacia el PAN. Desde la Reforma, el corazón intelectual de México es secular, laico, liberal.

Más tarde fue (y, en buena medida, sigue siendo) nacional-revolucionario. Esos valores no están en el PAN: están en el PRI y en el PRD. Consciente de este hecho ideológico y político, Calderón declaró alguna vez que rebasaría a sus adversarios "por la izquierda" (cosa que ha tratado de hacer, con resultados inciertos, en política exterior). Pero la magia no se produce. La antipatía persiste, porque a lo largo del siglo XX el PAN se la ganó a pulso. Nunca ha resuelto la contradicción original entre el liberalismo político y el conservadurismo social de sus fundadores.

A mediados de 2003, Fox dimitió del poder y abrió la carrera presidencial. Ante los desfavorables resultados de 2009, Calderón busca reafirmar su poder y ha cambiado de tono. Tiene más margen de maniobra del que parece, pero está obligado a actuar de inmediato e introducir racionalidad, austeridad y eficacia en su gobierno. Frente a las reservas del Congreso ante las reformas que muchos juzgamos necesarias, puede apelar de manera institucional pero directa al ciudadano, como ha hecho estos días. Lo que no puede es postergar su ofensiva, porque de hacerlo condenaría al país a una "brega de eternidades".

Nueva cavilación sobre la paz

(2010)

En 1970, don Daniel Cosío Villegas dio a leer a sus alumnos del doctorado en historia de El Colegio de México un texto suyo sobre la situación que guardaba el país 100 años atrás. Se titulaba "Cavilación sobre la paz". Lo leí con fascinación y extrañeza. Fascinación, por el amoroso detalle con que el maestro reconstruía la era de los liberales en la que parecía haber vivido; extrañeza, por el remoto asunto que abordaba. A pesar del movimiento estudiantil, la paz no era entonces un tema vigente. El país llevaba al menos tres décadas de ser una isla de tranquilidad en un mundo en guerra: fuimos puerto de abrigo para los perseguidos del racismo europeo, para los republicanos de la Guerra Civil española y para otros refugiados de la Segunda Guerra Mundial, como los cientos de niños rescatados de campos de concentración soviéticos. Ni siquiera la Guerra Fría nos afectaba de manera directa. México parecía destinado a la paz perpetua.

Era difícil leer aquellas páginas de Cosío Villegas sin conmoverse por la angustia de los liberales ante la precariedad de su recién recobrada república. Cincuenta años de luchas los contemplaban, desde la guerra de Independencia hasta la guerra de Reforma y la Intervención. No es casual que en las rugientes estrofas del himno nacional resonaran repetidamente las "horrísonas" erres de la palabra *guerra*, y toda suerte de voces en torno a ella.

En 1867, finalmente, Juárez y su inigualable generación habían restaurado la república, pero no la paz. ¿Por qué no llegaba una con la otra? A lo largo de aquel fugaz decenio democrático, conforme aparecieron los focos de violencia, los pensadores se hicieron esa pregunta, al principio con cierto paciente optimismo, luego con desesperación. ¿Por qué persistían los asaltos en los caminos y los secuestros en las plazas? ¿Por qué estallaban revueltas, rebeliones, revoluciones? ¿Cómo conquistar la paz, cómo arraigarla? Francisco Zarco, que murió al comienzo del periodo, advertía que la paz había que alcanzarla "sin prescindir del orden constitucional y legal" y la hacía depender del progreso material: caminos, correos, ferrocarriles y telégrafos, hospitales y hospicios, escuelas y colegios, fábricas y talleres garantizarían la paz. Pero, ya en el conflictivo periodo de Sebastián Lerdo de Tejada (1872-1876), otros escritores invirtieron la fórmula: "Sin la paz —advertía el joven Justo Sierra— toda solución de nuestros problemas económicos [...] queda indefinidamente aplazada". Y una voz única se unió a la cavilación, la de José Martí, que queriendo arraigar en

México participó, entre 1873 y 1876, con gran lucidez, en nuestra vida pública. Al precipitarse la revolución de Tuxtepec acaudillada por Porfirio Díaz, Martí fue su crítico más resuelto. México, sostuvo, es un país "naturalmente rico, pero económicamente pobre". Por eso necesitaba "desviar la mirada ávida de la perniciosa vida pública y convertirla al seno de la tierra en riqueza honrada". Necesitaba también "una lenta labor educativa". Y necesitaba "las grandes reformas económicas que dieran animación y bienestar al pueblo". Pero nada de eso aparecía en el horizonte, dominado ya entonces por "un hombre que se declaró por su exclusiva voluntad señor de hombres". Martí abandonó México y siguió su peregrinar. Para Cosío Villegas la moraleja de aquella cavilación era clara: al caer la República Restaurada, el país retrocedió y fue menos democrático y representativo, porque los miembros del partido liberal no supieron ponerse de acuerdo.

Para Porfirio Díaz la paz fue una prioridad. La acompañó un notable progreso material, que se logró prescindiendo del orden constitucional y legal. Proclamado "hombre necesario", Díaz cogió las riendas del país abriendo paso a una era de poder personal sin precedentes. Para perseguir a los bandoleros que asolaban los caminos, consolidó el famoso cuerpo de los Rurales de la Federación (fundado por Juárez en 1861, a instancia del general Ignacio Zaragoza) y fue pródigo en ejecuciones sumarias: "Fuimos muy duros, algunas veces hasta llegar a la crueldad —declaró sin ambages a James Creelman, en la célebre entrevista de

1908—. Fue mejor derramar un poco de sangre para salvar mucha. La sangre derramada era mala sangre; la que se salvó, buena".

Ningún título emocionaba más a Porfirio que el de "héroe de la paz". Esa paz propició la construcción institucional y física del país, pero no se fincaba en una vida política sana. Era, como el propio Porfirio admitió, una "paz forzada".

Ese orden, como sabemos, estalló hace 100 años. ¿Qué desató la violencia? Una vez más, la incapacidad de los actores políticos para ponerse de acuerdo. En 1910, Porfirio Díaz y su camarilla desestimaron el acuerdo sobre la transición paulatina que planteaba Madero. Después del fraude electoral que consumó la reelección ese mismo año, Madero descartó el proyecto de construcción pacífica de la democracia que él mismo había propuesto en su famoso libro. Y finalmente, en 1913, con el asesinato de Madero, muchos protagonistas que debieron defender la frágil y joven democracia contribuyeron —con su silencio, sus alarmas, sus calumnias o su complicidad— a sepultarla.

México entró en un nuevo ciclo de violencia que duró dos decenios: desde la revolución maderista hasta la rebelión escobarista. La Revolución alumbró lo que parecía —y en buena medida fue— un orden nuevo. Dio tierra a los campesinos y derechos a las clases obreras. Desplegó por un tiempo una vocación casi religiosa por la educación. Tuvo el ánimo nacionalista de reivindicar las riquezas naturales y procreó un renacimiento artístico tan rico que aún ahora, pasado un siglo, nos ilumina. Pero dejó tras de sí una estela de hambre, terror y peste; un saldo de 750 mil muertos, una mitología de la violencia redentora y una cultura tenaz en torno a la muerte.

Al cerrarse el ciclo destructivo, la prioridad, como en 1867, era la paz. Y la paz llegó nuevamente, con un arreglo político no muy distinto al del porfiriano. México estaría lejos de ser una democracia, pero volvió a la senda de la construcción material e institucional. El Estado retomó todas las riendas y aplicó de nuevo la máxima del "pan o palo". Creó un nuevo ejército, logró acotar la violencia delincuencial y casi acabar con la violencia política. Lo que se construyó fue mucho, y debemos valorarlo, pero, cuando de pronto apareció un desafío externo al aparato de control (me refiero al movimiento estudiantil de 1968), el régimen, borracho de su propio mito y ajeno a la costumbre de dialogar o negociar, perpetró el crimen de Tlatelolco. Aunque el pretexto era la paz, en las avenidas de la ciudad un símbolo imborrable lo desmentía: la paloma de la paz, ensangrentada. Ésa era la inquieta, incierta, engañosa paz interna de aquellos años, que no alcanzábamos a comprender.

En esas circunstancias leímos sus alumnos aquel texto de don Daniel. Y leímos sus ensayos críticos, que eran un complemento natural de su tarea como historiador liberal. El país —pensó entonces— había alcanzado un progreso económico y social tangible, pero a costa de otro progreso que no se medía en cifras sino en capacidad de convivencia, de civilidad: el progreso político. ¿No habría sido mejor —se preguntaba— confiar menos en el Estado, aun a costa del desarrollo, a cambio de tener una sociedad más vivaz y madura, que produjera ciudadanos más libres, autónomos, responsables y creativos, y por tanto más proclives a respetar el derecho y a fomentar la paz? No es casual que, en ese tramo final de su vida, sus ideas convergieran con las de otro gran pensador que defendía la "libertad bajo palabra": Octavio Paz.

Han pasado 40 años desde aquella lectura. No han sido décadas dichosas. Han sido años de desorientación y crisis, con pocas zonas luminosas, una de ellas la transición ordenada y pacífica a la democracia. Y, de pronto, la historia de la República Restaurada —la otra década democrática de nuestra historia— parece hablarnos con un mensaje cifrado. Como entonces, nos urge retomar la ruta del crecimiento económico con vocación social. Y como entonces, vivimos perplejos ante un fenómeno que no esperábamos, pero que venía fraguándose —por fatalidad geográfica e irresponsabilidad política— desde hace mucho tiempo: la pérdida de la paz. Necesitamos volver a cavilar sobre ella.

México extraña la paz que perdió. No importa que las violencias del ayer revolucionario hayan sido mucho más generalizadas y mayores que las de ahora. No importa que la violencia no sea, como en Colombia, guerrillera o paramilitar. La paz civil, es decir, la seguridad de las vidas y los bienes en todo el territorio, debe recobrarse. Para lograrlo, sabemos —mejor dicho, deberíamos saber— que, a diferencia de los dos antecedentes históricos, México no puede hacerlo mediante la aparición del "hombre que se declare por su exclusiva voluntad señor de hombres" ni a través de la imposible restauración del viejo sistema de partido hegemónico. Deberíamos saber también que la paz no será recuperada con un acto mágico ni con un pacto con el crimen organizado sino con un conjunto ampliamente aceptado de medidas prácticas, arduas y costosas, sostenidas por largo tiempo. La paz entre nosotros ha de reconstruirse, además —como pedía Zarco— "sin detrimento del orden constitucional y legal", y con los instrumentos propios de la democracia que son la deliberación y el diálogo. Y ha de reconstruirse, en fin, con un acuerdo histórico entre las representaciones políticas sobre "las grandes reformas económicas que —como decía Martí— dieran animación y bienestar al pueblo".

¿Seremos capaces de aprender de los errores pasados? ¿Seremos capaces de arribar a acuerdos históricos? Los preclaros liberales coincidían en las vías para el progreso y llamaban al crimen por su nombre. Nosotros no coincidimos siquiera en el concepto (ya no digamos las vías) de progreso y no falta quien atenúa la responsabilidad que tiene el crimen organizado en la violencia que padecemos. La discordia política nos mantiene casi inmóviles. Es la misma incapacidad que desató casi todas las violencias de la historia mexicana, la incapacidad para ponernos de acuerdo, incluso en la forma de resolver nuestros desacuerdos. Y esa incapacidad tiene, a su vez, un origen profundo. Me refiero a la intolerancia, que comenzó por ser religiosa y clerical, luego fue jacobina, reaccionaria y revolucionaria, y hoy es ideológica —hija del fanatismo doctrinal— o meramente cínica: defensa sin cortapisa de los intereses creados, privados y públicos.

Ésta es la tercera llamada (tercera) para la democracia mexicana. Las experiencias anteriores demostraron que es imposible construirla, consolidarla y sostenerla sin acuerdos y sin tolerancia. Confiemos en que esta vez prevalezca el sentido común y se abra paso la concordia que no es uniformidad de pensamientos sino convivencia de pensamientos distintos, valiente resolución para enfrentar el mal y un corazón nacional que no se escinde.

La tormenta perfecta

(2012)

Pareciera que cada 100 años México tiene una cita con la violencia. La guerra de Independencia estalló en 1810, costó al menos 200 mil muertos (5% de la población total) y desplegó una ferocidad extrema: los insurgentes recurrieron al saqueo y al degüello, los realistas exhibían los cadáveres y cráneos de sus adversarios, para "escarmiento público". Aunque la Independencia se decretó en 1821, el país no se pacificó sino hasta 1876.

La Revolución mexicana, que duró igualmente una década, cobró no menos de 1 millón de muertos, 7% de la población: la tercera parte víctima de tifo e influenza, el resto por hambre y muerte violenta. Las tropas incendiaron casi todo el país practicando el fusilamiento a nivel masivo. Todavía en los años veinte, México vivió la Guerra Cristera, que dejó 70 mil muertos. E, igual que en el siglo XIX, los caminos se volvieron intransitables, las ciudades riesgosas y el poder se concentró en los caudillos locales.

En ambos ciclos históricos, la violencia fue política y se resolvió con el advenimiento de regímenes autoritarios. En el primero, el general Porfirio Díaz concentró el poder absoluto subordinando a los caciques regionales. En el segundo, el general Plutarco Elías Calles integró a las fuerzas revolucionarias en un partido hegemónico, usó al ejército federal para someter o matar a los caudillos rebeldes y ordenó el acceso a la presidencia mediante un sistema cuasi monárquico.

De pronto, la violencia ha vuelto a desatarse dejando hasta ahora un saldo aterrador de más de 60 mil muertos en cinco años (no hay cifras exactas: recientemente el gobierno anunció, contra lo prometido, que no daría la "cifra oficial" de homicidios ligados al narco). Pero, a diferencia de las dos experiencias históricas anteriores, México no puede resolver o acotar el problema del crimen organizado mediante una centralización absoluta del poder en las manos de un dictador o de un presidente todopoderoso. México tiene que encarar el problema en el marco legal de la democracia. Y la salida no puede ser mágica, sencilla o inmediata.

La violencia que enfrentamos ahora no es política ni revolucionaria, pero tampoco es meramente delincuencial: es una compleja guerra civil —con fuegos cruzados y alianzas turbias e inestables— entre los grupos organizados del crimen y el narcotráfico, y también una guerra entre el crimen y las fuerzas del gobierno federal y los gobiernos estatales y municipales. En algunos puntos del país los grupos criminales amenazan a los gobiernos locales hasta casi suplantarlos. Aunque con relación a la población total esta violencia es menor que la de Honduras, Guatemala, Venezuela o Brasil, lo que sorprende es su omnipresencia y su crueldad. Sólo algunas regiones del país (la península de Yucatán, algunos estados del centro, y notoriamente la Ciudad de México) permanecen a salvo... por lo pronto. Vivimos una vuelta al pasado, pero en vivo y en YouTube: ejecuciones, decapitaciones, mutilaciones, secuestros, extorsiones, masacres colectivas. Día tras día, en México, no en Afganistán.

Hemos llegado a la cita con la violencia. No es producto de una súbita erupción sino de una "tormenta perfecta" que se fue formando a lo largo de décadas de paz, y que casi nadie vislumbró.

El narco, del periodista inglés Ioan Grillo, narra con claridad, lujo de detalle y mesura la historia de esa tormenta perfecta, que comenzó a formarse a fines del siglo XIX en el rincón noroeste de México, que Grillo llama "la Sicilia mexicana". Los trabajadores chinos que llegaron a tender las vías férreas que unirían norte y sur del país plantaron el opio en las propicias sierras de Sinaloa. A partir de entonces hasta los años setenta del siglo XX, alrededor del opio (cuyo consumo fue prohibido en Estados Unidos desde

1908) ocurrieron presagios de lo que, a una escala infinitamente superior, sobrevendría después.

Hacia 1918, un gobernador de Baja California, el coronel Esteban Cantú, incurrió en el primer caso de complicidad política con los cultivadores y exportadores chinos. Al levantarse la prohibición del alcohol, sobrevino el primer apoderamiento hostil de la industria a manos de los rancheros sinaloenses en contra de los chinos, a quienes acosaron, despojaron, expulsaron y aun exterminaron. Durante la Segunda Guerra Mundial aparecieron las primeras teorías de la conspiración —en este caso en particular, no inverosímiles— sobre la connivencia oficial norteamericana para comprar opio (base de la morfina) y proveer a sus hospitales militares. En los años cincuenta (cuando nacieron en Sinaloa muchos de los grandes capos del narcotráfico, como Joaquín *El Chapo* Guzmán), el cultivo del opio (popularmente conocido como "la goma") se había vuelto una tradición practicada por generaciones: hasta un equipo local de beisbol se llamaba Los Gomeros. Una década más tarde, con la llegada de los *hippies* y el frenesí de la mariguana, aparecieron los primeros oscuros personajes de lo que podría parecer una novela sangrienta. Uno de ellos, el cubano Alberto Sicilia Falcón (amigo de Irma Serrano, la amante oficial del presidente Gustavo Díaz Ordaz), fue probable cómplice de Sam Giancana, el capo de la mafia escondido en Cuernavaca, con quien colaboró en una operación encubierta para canalizar dinero del narcotráfico sinaloense a la CIA.

En 1976, tras la guerra frontal que declaró Nixon al tráfico y uso de drogas, un hecho acabó con la edad de la inocencia en nuestro país: oficiales mexicanos entraron en complicidad con los narcotraficantes. Con apoyo americano, el gobierno envió a Sinaloa una flota aérea y 10 mil efectivos del ejército para destruir plantíos y apresar a cientos de traficantes. Aunque la operación pareció un éxito, bajo la superficie los militares y policías se hicieron del mando de las ciudades o pueblos estratégicos (las llamadas "plazas"), no para destruir el cultivo, la producción y el tráfico sino para controlarlos. Según testimonios recogidos por la periodista Anabel Hernández en su libro *Los señores del narco*, el arreglo consistía inicialmente en cobrarles un "impuesto" que se utilizaba para la lucha contra las guerrillas de la época. La colusión era natural. En un sistema no democrático donde los políticos no tenían que rendir cuentas, la corrupción era consustancial. Si el presidente en turno tenía ya bajo su poder el petróleo, la electricidad, las minas, el manejo del banco central y la hacienda pública, nada impedía tolerar y aun alentar el negocio secreto de la droga. Muy pronto, la cadena del poder (políticos, militares, policías) comenzó a entender que el dinero del narcotráfico podía "aceitar" muchas manos, hasta las más encumbradas.

En el tema de la corrupción, el libro de Hernández complementa el tratamiento —más amplio— de Grillo. Los "señores" a los que se refiere el título no son sólo los narcos, sino sus cómplices o socios en los sucesivos gobiernos. Aunque deshilvanado y difícil de seguir por la cantidad de personas que cita, ha vendido en México alrededor de 170 mil ejemplares. En su peor momento —el correspondiente a los sexenios de Fox y Calderón— es tan sólo un puñado de teorías de conspiración basadas en testimonios o declaraciones parciales, insuficientes, cuando no fantasiosas. Pero cuando trata los años del PRI el libro es una mina de información verificada, o al menos verosímil. En cualquier caso, la periodista (premiada internacionalmente por su valeroso ejercicio de la libertad de expresión) ha sufrido amenazas de muerte y trabaja en la Ciudad de México protegida por una guardia personal.

★ ★ ★

La historia empieza a calentarse al despuntar los ochenta, con el *"boom* de la cocaína" ("The All American Drug", se tituló una portada del *Time* en el verano de 1981). El 90% del consumo americano se surtía a través del corredor marítimo y aéreo Colombia-Miami, con conexiones en la Cuba de Castro y servicios de lavado financiero en el Panamá de Manuel Noriega. Miami se convirtió en la capital de la corrupción policiaca y el crimen, un ensayo de lo que sería el México de nuestros días. En enero de 1982, el gobierno de Reagan controló la crisis con el uso de la *South Florida Task Force*, pero para entonces un nuevo personaje de novela (el hondureño Ramón Matta Ballesteros, preso desde 1988 en Estados Unidos) había puesto en contacto a los traficantes de Sinaloa con los cárteles colombianos, en particular con el de Pablo Escobar en Medellín. Esta traslación del eje de la droga al Pacífico mexicano fue el siguiente cambio cualitativo: convirtió a los mexicanos en transportistas exclusivos. En los ochenta, Matta y Miguel Ángel Félix Gallardo, su socio mexicano, pasaban 5 millones de dólares de cocaína por semana "al otro lado". Y el negocio estaba apenas empezando.

En febrero de 1985, ocurrió en Guadalajara el secuestro, tortura y asesinato del agente de la DEA Enrique *Kiki* Camarena por parte de un cuñado del expresidente Luis Echeverría y sus socios traficantes. Hernández documenta los escalofriantes detalles del caso. En noviembre de 1984, Camarena había descubierto las operaciones del rancho "El Búfalo" en Chihuahua, enorme plantío de mariguana en el que trabajaban casi 10 mil personas. Tras el inevitable decomiso de casi 8 mil millones de pesos, los narcos juraron venganza. Ante la presión americana, dos capos mayores fueron arrestados y extraditados a Estados Unidos, pero el narcotráfico recibió un apoyo inesperado en las operaciones encubiertas e ilegales de la CIA, cuyo combate a la guerrilla centroamericana y a los sandinistas se financió —en parte, a través de Matta— con dinero de la droga mexicana. El caso, citado por Grillo y detallado por Hernández, no admite dudas. Ya en 1986, tres comisiones del Congreso (Tower, Walsh y Kerry) habían concluido que "existió tolerancia para que diversos capos traficaran drogas hacia Estados Unidos, a cambio de que donaran recursos a la Contra [-revolución] nicaragüense".

La caída del Muro de Berlín llegó cargada de acontecimientos que oscurecieron cada vez más la nube del occidente mexicano. El corredor del Caribe se cerró definitivamente. En una historia sombría (omitida por Grillo y Hernández) Fidel Castro ejecutó a los militares que manejaban la operación (sus chivos expiatorios). Estados Unidos, que en 1988 había atrapado a Matta en Honduras, hizo lo propio con Noriega en Panamá. Tras la toma de posesión de su cargo, el presidente Carlos Salinas de Gortari mandó apresar a Miguel Ángel Félix Gallardo, el último gran capo involucrado en el asesinato de Camarena, que, como el Padrino de la película de Coppola, tenía la lealtad y obediencia de todas las organizaciones. La captura tuvo un efecto de hidra que se replicaría en el futuro: la narcotribu sinaloense que manejaba el tráfico ilegal a lo largo de la frontera (con excepción de Nuevo Laredo, en el extremo noreste, territorio perteneciente al Cártel del Golfo) se reunió para repartirse pacíficamente el territorio, pero, a pesar de sus vínculos de familia, el pacto entre ellos duraría poco tiempo.

En la década de los noventa, Salinas pudo mantener todavía el control del aparato político, policial y militar sobre el negocio del tráfico ilegal (quizá con ganancias personales para su hermano Raúl, según sugiere la investigación de los bancos suizos que Grillo cita). Tras la puesta en vigor del Tratado de Libre Comercio (1994), el tránsito (lícito e ilícito) entre los dos países se multiplicó exponencialmente. Ese crecimiento, y la eficacia de la guerra del gobierno colombiano contra los narcos (Pablo Escobar fue abatido en 1993), animó a los narcos mexicanos a ejecutar un apoderamiento decisivo. Creyendo reducir sus riesgos de captura y extradición, los productores colombianos cometieron el error de convertir a los transportistas mexicanos en distribuidores, pagándoles con droga, lo cual los volvió primero competidores y después dueños del negocio.

Para México —explicó Gabriel Zaid— esta mutación fue una desgracia, porque indujo el desarrollo de "un mercado interno masivo de drogas, integrado desde la producción hasta el menudeo, el contrabando (de armas, materias primas, productos terminados y dólares en efectivo), la operación de filiales en Estados Unidos y el lavado de dinero" (*Reforma*, 31 de octubre de 2010). Todo ello aunado a la plaga mayor de narcomenudeo, que años después manifestaría sus letales efectos: "el narcomenudeo —apuntó Zaid— multiplica los cómplices (requiere varias veces más personal que el mayoreo), refuerza la corrupción tradicional, daña a las familias y facilita el desarrollo de otros servicios: secuestros, extorsiones, asaltos, trata de personas [...] En algunas localidades los narcos dejan de ser empresarios al margen de la ley para convertirse en las autoridades y la ley".

Nada de eso parecía inminente a final del siglo, entre otras cosas por la captura reciente (1996) de Juan García Ábrego, gran capo del Cártel del Golfo (que operaba en Nuevo Laredo), la reclusión (desde 1993) del ya entonces famoso Chapo y la patética muerte (en una cirugía plástica) del poderoso líder del Cártel de Juárez, Amado Carrillo

Fuentes, apodado *El Señor de los Cielos* por su uso inventivo e intensivo del traslado aéreo de droga de Colombia a Estados Unidos.

★ ★ ★

México inauguró el siglo XXI con una tersa y festiva transición a la democracia. La derrota del PRI tuvo varios efectos positivos (división de poderes, plena libertad de expresión, elecciones libres, Ley de Transparencia en el gobierno federal) y uno inesperado: al limitar el poder presidencial, la democracia desató a los poderes locales, los legales, gobernadores y alcaldes, y los ilegales... los capos y los criminales. "Con el derrumbe del PRI —escribe Grillo con razón— las bases del sistema de poder se derrumbaron. Ésa fue la clave de la quiebra mexicana." Sin el control político y policiaco central que se ejercía desde la presidencia, las condiciones para la guerra hobbesiana de todos contra todos estaban dadas. Sólo era cuestión de tiempo para que estallara.

Ioan Grillo llegó a México precisamente en el año 2000. Periodista con un grado en Historia (su tesis fue sobre la Falange Española), se empleó en un diario local en inglés y pronto se vio atrapado por el candente tema de las drogas, cuyo consumo había abatido a amigos suyos en Brighton, su ciudad natal. Para comprenderlo se propuso conocerlo de primera mano. Su primera estación fue Tijuana, donde trató al heroico periodista Jesús Blancornelas, director del semanario *Zeta* y víctima de diversos atentados. Dominada por los sangrientos hermanos Arellano Félix, Tijuana era el escenario donde se ensayó lo que vendría después, una capital del tráfico, el secuestro y el asesinato (del subdirector de *Zeta*, por ejemplo) que Grillo reportó puntualmente y en cuya tragedia Blancornelas (que murió en 2006) leyó la escritura en la pared: "Pronto el narco tocará la puerta de la residencia presidencial [...] Lo cual traerá consigo enormes peligros".

En enero de 2001 ocurrió la misteriosa fuga del Chapo Guzmán de una prisión de alta seguridad. De manera profusa pero no convincente, Hernández la atribuye a una complicidad total y directa con las más altas esferas del nuevo gobierno de Vicente Fox. Lo que sin duda ocurrió fue la participación de mandos inferiores comprados por el Chapo, quien, tras su reciente fuga, convocó a una nueva cumbre de la tribu sinaloense (compuesta por amigos y parientes) para repartirse pacíficamente el negocio. El resultado fue una fugaz "Federación", integrada por el Cártel de Sinaloa (comandado por el Chapo y otros socios experimentados), el de Juárez (encabezado por Vicente Carrillo Fuentes, hermano de Amado), los Beltrán Leyva (primos de Guzmán Loera, que operaban en Sinaloa) y los representantes de un grupo heterodoxo, con extrañas inspiraciones místicas, al que ni Grillo ni Hernández prestaron suficiente atención: La Familia Michoacana.

El objetivo de la Federación era establecer una alianza contra los dos cárteles rivales más poderosos: los Arellano Félix en Tijuana y el Cártel del Golfo, de Osiel Cárdenas, heredero de García Ábrego, cuya ferocidad estaba inscrita en su apodo: El Mata Amigos. En 2002, la captura y extradición de Benjamín Arellano Félix (el Michael Corleone del grupo) y la muerte de su hermano Ramón (un iracundo Sonny que disolvía con ácido a sus víctimas) alimentaron la teoría de que el gobierno cooperaba con la Federación. En 2003 el gobierno mexicano apresó y en 2007 extraditó a Estados Unidos a Osiel Cárdenas. Parecía que la Federación se consolidaba.

Pero no ocurrió así. En 2004 la administración americana levantó la prohibición de venta de armas de alto poder, que pronto inundaron México. Grillo no duda de sus efectos: "el relajamiento del control de armas no fue la causa principal del conflicto, pero sin duda arrojó gasolina al fuego". Y ese mismo año, como sucedía siempre, la Federación se rompió por rencillas internas. Se abrieron dos frentes: uno en Ciudad Juárez, donde el asesinato de Rodolfo Carrillo Fuentes (atribuido al Chapo) encendió la guerra del Cártel de Sinaloa contra los Carrillo Fuentes. Y el otro en Nuevo Laredo, la joya de la corona del Cártel del Golfo, ciudad por la que trasladaban anualmente 600 mil millones de dólares (el doble de Ciudad Juárez y cuatro veces más que Tijuana). La captura del Mata Amigos había resultado contraproducente, porque alentó a un nuevo y temible protagonista, que cambió desde entonces las reglas del juego. Contratado por el *Houston Chronicle*, Grillo estuvo ahí para contarlo.

★ ★ ★

Lo que encontró fue la sorprendente irrupción de un grupo de desertores del ejército mexicano que habían sido contratados por Osiel Cárdenas para defenderse del Cártel de Sinaloa. Aunque en un principio se trataba de un contingente pequeño, el grupo (autodenominado Los Zetas) crecería hasta la actual cifra aproximada de 10 mil efectivos. En sus orígenes, se trataba de un cuerpo de élite entrenado en Estados Unidos (en Fort Bragg, Carolina del Norte, entre otros sitios) para la lucha contrainsurgente. "Los Zetas —explica Grillo— no estaban pensando como gángsters, sino como un grupo paramilitar." Su objetivo desde entonces fue ocupar territorios del país mediante tácticas de terror (decapitaciones, ejecuciones masivas, propaganda en mantas y sitios de internet) que les permiten desplegar toda una gama de operaciones delictivas que va más allá de la droga y el narcomenudeo (que son sus intereses mayores), y pasar a la extorsión, el tráfico de migrantes, la piratería, la trata de blancas, el robo de autos... Los Zetas tomaron el control del Cártel del Golfo y harían sentir su presencia en todo el noreste y no pocos estados del sureste, el centro y sur del país, con ramificaciones en Centroamérica.

En diciembre de 2006, el presidente Calderón declaró la "guerra contra el narco" y ordenó al ejército mexicano combatir a la Familia Michoacana. Los primeros resultados (decomisos, capturas) fueron prometedores, y eso lo animó a generalizar la estrategia, no sólo con fines de salud pública sino políticos: lograr una legitimidad que, tras las disputadas elecciones de julio, muchos le regateaban. Pero Calderón no contaba, ni remotamente, con una fuerza policiaca como la americana. Muchos mexicanos piensan que fue una medida precipitada e irresponsable: había que priorizar el problema, recabar información, trazar una estrategia, focalizar las acciones. Calderón ha respondido a sus críticos que no tenía más remedio que actuar de inmediato, y que "si sólo hubiera tenido piedras [para] pelear, con piedras lo habría hecho". En opinión de Grillo, fue un "serio error de cálculo". "Puede ser que Calderón sea honesto —escribe Grillo, que entonces trabajaba para Associated Press— pero declaró la guerra a los cárteles del narco con un aparato estatal podrido, que ni siquiera estaba bajo su entero control." El resultado inmediato fue una nueva cumbre de los capos (en agosto de 2007) seguida de la previsible ruptura. Y a principios de 2008, México comenzó a vivir lo que Grillo vio como "una explosión criminal a gran escala": el estallido final de la tormenta perfecta.

La chispa fue la aprehensión de Alfredo Beltrán Leyva, *El Mochomo*, uno de los hermanos Beltrán Leyva, cuya captura se atribuyó a una filtración del Chapo. En represalia, aquellos acribillaron a un hijo del Chapo y a altos agentes de la Policía Federal. Al poco tiempo, en la alguna vez apacible ciudad de Cuernavaca, cayó abatido por la marina Arturo Beltrán Leyva, *El Barbas*. Una guerra enormemente confusa se generalizó entre los propios cárteles (aliados a diversas policías locales) y entre los cárteles y el ejército, la marina armada y la Policía Federal. Las principales zonas de acción fueron Culiacán, Tijuana y Ciudad Juárez (convertida en un infierno con bandas juveniles exterminándose indiscriminadamente). Grillo estuvo en todas ellas, recogiendo testimonios directos de testigos, periodistas, familiares de víctimas, drogadictos, "halcones", pequeños traficantes callejeros, sicarios presos.

Los años siguientes verían el debilitamiento relativo de los cárteles de Tijuana, del Golfo, de Juárez, el grupo de los Beltrán Leyva y la Familia Michoacana. Otro fenómeno evidente ha sido la fragmentación y la aparición de grupos criminales que actúan por cuenta propia, o amparados por una "franquicia". Ésta ha sido una de las razones que explican la expansión de Los Zetas. En la antesala de las elecciones de 2012, ellos y el Cártel de Sinaloa escenificaban una guerra sin cuartel. Pero la diferencia entre ambos es esencial: el clan del Chapo se ha concentrado en el negocio de la droga, mientras que Los Zetas —comandados por el exmilitar de 37 años llamado Heriberto Lazcano, *El Lazca*, al que la marina acaba de abatir— se diversificaron a todos los ramos criminales: el secuestro (de empresarios, profesionistas, migrantes), la extorsión a escala masiva y sistemática, el asesinato colectivo (de migrantes, de bandas contrarias), la corrupción de policías locales para enfrentarlos con los policías federales, y el cuantiosísimo robo de gasolina en oleoductos de Pemex (3 mil 700 millones de pesos en 2011). "Durante los años del PRI —escribe Grillo— se esceni-ficó una delicada danza de corrupción;

175

en los años de la democracia, presenciamos una danza de corrupción con la muerte."

Una de las mayores fortalezas de Los Zetas es el reclutamiento de efectivos en zonas pobres de México (como Oaxaca). Otra ha sido la contratación de los kaibiles, los salvajes paramilitares guatemaltecos entrenados en el descuartizamiento, la decapitación y la tortura de indígenas y campesinos. La presencia de Los Zetas se ha hecho sentir como una ominosa mancha de sangre, no sólo en todo el noreste del país (Nuevo León, Tamaulipas, Coahuila, Durango), sino en Veracruz y estados del sur como Guerrero, donde aterrorizan a los cultivadores de mariguana. Actuando como una guerrilla (con células autónomas, mensajes encriptados, apoyo de las policías locales, etcétera), Los Zetas —sostiene Grillo— representan "una captura en vivo del Estado", un riesgo mayor para la supervivencia del Estado mexicano, una "narco-insurgencia". Tiene razón en cuanto al peligro que representan, pero el término "narco-insurgencia" parece inadecuado. En Colombia existe una liga directa entre el narco y la guerrilla. En México la guerrilla es marginal y no tiene nexos semejantes. Los Zetas no parecen interesados en alcanzar el poder sino en la expoliación de los territorios que dominan.

★ ★ ★

La historia que narra Grillo es un macabro *thriller* de "los Soprano" narcotraficantes y brutales paramilitares, políticos corruptos y conspiradores internacionales, todos compitiendo (pactando o matándose entre sí) por un mercado de 60 mil millones de dólares al año, la mitad para los criminales. Pero esa élite encontró en México un terreno propicio, no sólo por la vecindad con el mayor mercado de drogas (y exportador de armas), sino por las condiciones de pobreza, falta de oportunidades y desigualdad que empujan a muchos jóvenes a delinquir. En Ciudad Juárez, por ejemplo, generaciones de *chavos* han crecido sin más hogar que las bandas criminales que los acogen. El resultado es que el narco es hoy un sofisticado negocio enraizado en la sociedad no sólo por motivos económicos: ha engendrado una auténtica cultura de la muerte, cuyo análisis necesitaba la mirada de un antropólogo. Hijo de un profesor de antropología de la Universidad de Sussex, Grillo pasa la prueba: su "anatomía" del narco es la parte más sustancial y aterradora del libro.

"El negocio consiste en el movimiento de narcóticos, simple y llanamente, y moverlos 365 días al año", escribe Grillo, para luego detallar minuciosamente la operación y el tráfico: sus diversas formas de movilidad, sus sistemas de almacenamiento, distribución y lavado de dinero; el arte con que disfrazan su producto (velas, balones de futbol, muñecas), el personal que emplea (espías en las esquinas, policías corruptos, asesinos de distintas especialidades). Son escalofriantes las conversaciones que sostuvo en la cárcel de Ciudad Juárez con "Gonzalo", de 38 años, encargado de coordinar secuestros para el Cártel de Juárez, y con El Frijol (sicario del mismo cártel, de 17 años y miembro de una banda con decenas de muertos en su historial). Recobran la atracción siniestra de vivir peligrosamente, en un sórdido ambiente de placeres fáciles y muertes súbitas. "Cobrar 85 dólares por víctima —la cuota del Frijol, explica Grillo— es muestra de una terrible degradación en la sociedad."

Pero debajo de los protagonistas y del negocio, trabajando también para ellos, está la cultura, que en México —a diferencia de muchos países de Latinoamérica— ha mantenido una antigua familiaridad con la muerte. Es sabido que buena parte de la Revolución mexicana perduró en la memoria colectiva gracias a los corridos, baladas de viejo cuño que recuerdan la vida de héroes gigantescos o villanos célebres. Ahora los *narcocorridos* combinan la reverencia por el hombre fuerte, el macho entre machos, con la admiración por el "bandido social" que se preocupa por los pobres (imagen que muchos capos tratan de cultivar). Grillo da una visión breve pero penetrante de este género musical que promete gratificaciones inmensas a quienes, con gran riesgo, lo practican. Sinaloa es el paisaje de estas épicas canciones, con sus ritmos bailables y sus letras feroces sobre capos y balaceras. Los capos sienten una marcada debilidad por estos corridos y los pagan generosamente, más aún cuando el compositor tiene fama: "Armas de grueso calibre / rifle de alto poder / mucho dinero en la bolsa [...] / Primero mandaban kilos / ahora ya son toneladas".

Pero siempre se corre el riesgo de que una balada particular (sobre todo si se canta en un territorio rival) pueda ser el canto del cisne de un autor. "El riesgo de morir asesinado te acompaña siempre —confiesa un músico ligado al Cártel de Sinaloa— pero es preferible ser una estrella por unos años que vivir miserablemente toda tu vida." Sinaloa, sobre todo sus mujeres, ha llorado a varios músicos famosos, entre ellos a Valentín Elizalde, *El Gallo de Oro*, asesinado en Reynosa por un miembro de Los Zetas.

En todo México, desde tiempos inmemoriales, la celebración del Día de Muertos marca el encuentro natural de los vivos con los muertos. Pero en Sinaloa diario es día de muertos. En los *narco-cementerios* que visitó —con gran riesgo personal— Grillo atestiguó el número creciente de lujosas tumbas y mausoleos (con sus mármoles italianos y sus paredes incrustadas de joyas) y vio las peregrinaciones familiares que a toda hora los frecuentan para honrar a sus muertos y departir con ellos, en un marco festivo de música y comida.

Pero la violencia ha alimentado fenómenos mucho más macabros. En Sinaloa, de tiempo atrás, se rinde culto al bandido Jesús Malverde, un Robin Hood que supuestamente vivió en tiempos de Porfirio Díaz y cuya fama, en años recientes, ha traspasado fronteras. No es un santo oficial, pero —según Grillo— la Iglesia no lo repudia. Los narcos lo adoran, casi tanto como a la aterradora imagen de la Santa Muerte, calaca de elaborado y colorido atuendo cuya devoción se ha expandido enormemente en sólo una década.

★ ★ ★

El presidente electo de México, Enrique Peña Nieto, se ha comprometido a mejorar la seguridad nacional. Una de las medidas que ha anunciado es la contratación, como su asesor, del prestigiado general colombiano Óscar Naranjo, que con 36 años de experiencia tuvo una participación sobresaliente en el combate al crimen en su país. Pero Naranjo tendrá frente a sí un problema fundamental: la policía mexicana no está, ni remotamente, a la altura de la colombiana. Aunque en años recientes ha recibido —sobre todo a nivel federal— una atención particular y ha mejorado sustancialmente su condición, entrenamiento y equipo, la corporación mexicana es mucho menos numerosa, profesional, honesta y apreciada (por el público, y hasta por sí misma) que su contraparte colombiana. En el nivel estatal y municipal el contraste es aún mayor, lo cual es grave, porque en este ámbito los problemas locales reclaman soluciones locales.

Además de fortalecer y profesionalizar a las policías, el nuevo gobierno necesitará alentar significativamente la participación social y buscar un imprescindible consenso contra el crimen que ahora, por desgracia, no existe. No le será sencillo por el recelo que despierta el PRI, con su conocida historia de pactos con el crimen. Y México requiere además la convergencia de muchas otras reformas: en su lento y anticuado aparato judicial, en sus porosas aduanas y en sus cárceles, que son, a un tiempo, escuelas y oficinas corporativas del crimen organizado. Desde ellas se ejerce la extorsión telefónica y se planea el secuestro.

La experiencia de Estados Unidos en Colombia es relevante. Implica preguntarnos si conviene librar simultáneamente (o con igual intensidad) la batalla contra el narcotráfico y la batalla contra la violencia extrema. Colombia ha alcanzado un éxito considerable en limitar la violencia asociada al narco, pero el país sigue exportando cantidades enormes de cocaína e incluso ha extendido sus actividades al vecino Perú. A los mexicanos, no hay duda, nos preocupa más detener la violencia que acotar el tráfico de drogas. ¿Permitiríamos, para lograrlo, un involucramiento mayor de las agencias norteamericanas, como ocurrió en Colombia? Todo dependerá del ánimo público y de los eventuales avances en un tema muy sensible: el control de armas de alto poder. Tiempos extraordinarios reclaman medidas extraordinarias, y tal vez la siguiente administración estadounidense se resuelva a reponer la prohibición de armas de asalto. No es probable que ocurra —así de poderoso es el *lobby* de la Asociación Nacional del Rifle— pero el debate comienza a abrirse paso.

De cualquier forma, en los próximos años la disposición mexicana a colaborar y a pedir colaboración en los ámbitos policiacos y de inteligencia será mayor, con un límite infranqueable: el uso de tropas norteamericanas en territorio mexicano, que deberá descartarse siempre por profundas y justificadas razones históricas. Y de acuerdo con los argumentos de Anabel Hernández en un capítulo de su libro, una zona de particular interés mutuo deberá ser el rastreo del lavado de dinero en ambos lados de la frontera.

Grillo comparte con varios expresidentes latinoamericanos la idea de que, a la larga, sólo la legalización de la mariguana podría contribuir a derrumbar (como en el caso del alcohol) el negocio de la droga. Muchos mexicanos estarían de acuerdo. Con todo (a pesar de la libertad en el uso médico de la mariguana en 20 estados de la Unión Americana), las posibilidades actuales son muy remotas. Pero aun ahí el ánimo del electorado podría cambiar. Además de la presencia creciente de los narcos mexicanos en el comercio de la droga (e incluso en el cultivo mismo) dentro de territorio estadounidense, Grillo apunta a un peligro que Estados Unidos no puede soslayar: "Ahí donde prospera el tráfico ilegal de drogas, las organizaciones rebeldes tratarán de aprovecharlo. En algunos casos, como los Contras nicaragüenses, pueden ser aliados de Estados Unidos. Pero pueden resultar sus enemigos, como el caso de las FARC o los talibanes. Y alguna vez ese dinero podría incluso caer en las manos de adversarios aún más peligrosos".

La expansión del narco mexicano a la América Central y del Sur y sus vínculos con otros continentes representan un peligro global. Pronto sabremos si el nuevo gobierno de México logra instrumentar un programa de largo aliento que lo limite antes de que escape de todo control, y no sólo en México sino en el mundo.

El alma por el poder

(2013)

Lejos del poder

En sus comienzos, el PAN fue un partido esquizofrénico: simpatizante del fascismo e impulsor de la democracia. Fundado días después del estallido de la Segunda Guerra Mundial, sus militantes —unos más, otros menos— no ocultaron su inclinación por el Eje y en 1942 aconsejaron al presidente Ávila Camacho mantener una estricta neutralidad en el conflicto. Hispanistas, casticistas, "católicos de Pedro el Ermitaño", fueron críticos de la derrotada República Española y de la política de asilo de Lázaro Cárdenas. Por si faltara, muchos albergaron también prejuicios antisemitas, similares a los de Action Française, el movimiento que inspiró su filosofía política.

Pero en ese mismo primer lustro que coincidió con la guerra, los diputados del PAN introdujeron en la Cámara una batería de iniciativas de carácter democrático que no tenían precedente desde tiempos de Madero y que tardarían 50 años en traducirse en legislaciones e instituciones efectivas: integración de órganos electorales independientes del gobierno, exigencia de membresías estrictas en los partidos políticos, creación de una comisión federal (ya no local o municipal) de vigilancia electoral y un consejo del padrón electoral.

Tras la derrota del Eje, un sector del PAN se aferró a su rancio conservadurismo y a su temática religiosa. El brillante y malogrado Adolfo Christlieb Ibarrola, presidente del PAN en los años sesenta, los llamaría en su momento "meadores de agua bendita" para diferenciarlos de su propia corriente, preocupada por desempeñar con responsabilidad el papel de una oposición civil al cada vez más poderoso sistema político mexicano. Adolfo Ruiz Cortines, que no hacía distinciones, los llamaba a todos "místicos del voto". En cualquier caso, aquellos profesionales de clase media, para quienes la decencia era un imperativo, se empeñaban en dar sustancia al viejo lema de Madero: "Sufragio efectivo, no reelección". Sin presupuestos públicos, trabajando por el partido en ratos libres, los militantes del PAN fueron creando una red ciudadana que cada tres años (sobre todo en el norte y el occidente del país) contendía por los puestos de responsabilidad ejecutiva y legislativa en estados y municipios. Libraban su batalla con poca suerte, gran tesón y muchos riesgos, porque la maquinaria electoral del PRI fue afinando sus métodos de coacción, fraude y represión justamente a costa suya. Por tres décadas, el aplastamiento no pareció desalentarlos. Después de todo, su fundador y presidente de 1939 a 1949, Manuel Gómez Morin, había declarado que la lucha histórica del PAN era una "brega de eternidades" en la que la conquista del poder no era urgente ni prioritaria. Lo prioritario era despertar la conciencia política del ciudadano en todo el país y construir, a partir de ella, de abajo hacia arriba, un orden democrático institucional cuyo primer y elemental principio era el respeto al voto. En 1967, se declaró a favor de una "oposición latina: un partido que está señalando errores, que está indicando nuevos caminos, que está tratando de limpiar la administración, de mejorar las instituciones".

A raíz del 68, aun esta "oposición latina" se volvió imposible. El gobierno cerró todos los espacios de diálogo con la oposición, incluido el trato con el PAN. La muerte de Christlieb Ibarrola, que enfrentó con lucidez y dignidad el autoritarismo de Díaz Ordaz, precipitó una crisis profunda en el partido. Fue entonces —en septiembre de 1970— cuando conocí a Manuel Gómez Morin.

Lo traté de cerca hasta su muerte, en abril de 1972. Su crepúsculo y desazón coincidían con los del PAN. Estaba cansado de bregar —él, que había construido tantas instituciones perdurables— y no disimulaba su decepción ante las nuevas generaciones del PAN: desconcertadas frente a la omnipresencia de Echeverría, desgarradas por rencillas internas, incapaces de discurrir nuevas propuestas sociales y económicas (el PAN de Gómez Morin, hay que apuntar, nunca fue propiamente liberal en esos aspectos). Gómez Morin temía la disolución del PAN que, en efecto, estuvo a punto de ocurrir en 1976 cuando, en un acto desesperado, el partido se abstuvo de presentar candidato presidencial.

El arribo al poder de José López Portillo y la súbita riqueza petrolera parecían augurar el reinado milenario del PRI. La reforma política ideada e instrumentada por Jesús Reyes Heroles para abrir espacios parlamentarios a la izquierda revolucionaria recogió —sin dar el debido crédito— algunos proyectos del PAN archivados desde los años cuarenta. La democracia avanzaba a pasos de tortuga, tutelada desde Los Pinos y Bucareli por la presidencia imperial. Pero si algún candidato protestaba más de la cuenta (como fue el caso de Carlos Castillo Peraza en Mérida) el Estado Mayor Presidencial se sentía con la legítima facultad de reprimirlo físicamente. En 1979, a 40 años de su fundación, el PAN no podía presumir de mucho más que una tenaz voluntad de sobrevivir.

Pero en esa tenacidad estaba su mérito histórico. A lo largo de esas cuatro décadas, absolutamente nadie en el espectro político de México había acompañado al PAN en su defensa de la democracia. El PRI, por obvias razones (la democracia era su antítesis), y las diversas corrientes de izquierda porque su convicción y vocación a todo lo largo del siglo XX había sido la conquista del poder por la vía revolucionaria y no por la vía "burguesa" de los votos.

CONTRA EL PODER

La quiebra económica del sistema (septiembre de 1982) abrió la etapa más extraordinaria en la historia del PAN, lo convirtió —en las plazas y las conciencias— en un auténtico y aguerrido partido de oposición. La primera hazaña ocurrió en Chihuahua en 1983, donde Luis H. Álvarez, respetado panista y candidato a la presidencia en 1958, ganó la presidencia municipal de la capital mientras que otro empresario, el joven Francisco Barrio, ganó en Ciudad Juárez. Los regaños de Miguel de la Madrid a la dirigencia priista en 1984 y la remoción del gobernador no lograron contener la ola democrática que se esparció por varios estados del norte.

Por esos años, desde posiciones estrictamente liberales y sin contacto alguno con el PAN, la revista *Vuelta* de Octavio Paz comenzó a proponer la democracia como salida a un sistema autoritario que había topado con sus propios límites de corrupción, autoritarismo, embotamiento ideológico, ineficiencia y despilfarro. En junio de 1985 publicamos un número especial sobre el PRI, con artículos de Octavio Paz ("Hora cumplida, 1929-1985"), Gabriel Zaid ("Escenarios sobre el fin del PRI") y uno mío ("Ecos porfirianos"), que recibió una crítica pública del presidente Miguel de la Madrid. Al año siguiente, con motivo del fraude electoral en las elecciones para gobernador en Chihuahua, un grupo plural de escritores firmó una carta pidiendo la anulación de los comicios. La carta dio la vuelta al mundo. Ninguno de los firmantes éramos panistas, pero defendíamos el derecho del pueblo de Chihuahua a votar por el partido que quisiera, incluido el PAN. La gallardía de Luis H. Álvarez (que mantuvo una larga huelga de hambre) ganó muchos adeptos. El mejor PAN se expresaba en él.

A raíz de esos hechos, la idea democrática ("esa modesta utopía", la llamó Adolfo Gilly) tomó una fuerza inusitada en un ámbito que le era tradicionalmente ajeno: los movimientos, publicaciones e intelectuales de izquierda. Los primeros pasos en ese sentido los dieron dos personajes excepcionales: Arnoldo Martínez Verdugo, del PC, y Heberto Castillo, que desde 1971 clamaba por la formación de un partido de izquierda independiente que contendiera por el poder a través de las urnas, no de las armas. *Proceso* abrazó la democracia con resolución. En 1986, el PSUM y el PMT (y otras agrupaciones políticas de menor dimensión) vieron crecer en el mismísimo PRI una corriente democrática encabezada por Cuauhtémoc Cárdenas y Porfirio Muñoz Ledo que en dos años daría la mayor sorpresa de la época: una votación a tal grado copiosa que provocó la "caída del sistema", segunda llamada de la inevitable desintegración de la presidencia imperial.

Al margen de los resultados y de la forzada permanencia del PRI en el poder, en aquellos seis años (1982-1988) y gracias, en no poca medida, al tesón del PAN, la conciencia democrática del mexicano había dado un avance sustantivo.

JUNTO AL PODER

La muerte nunca aclarada de Manuel Clouthier fue el presagio de que su estilo bronco de *fullback* de la política, su coraje cívico, su autonomía, no serían más el sello de la relación entre el PAN y el poder. A lo largo del sexenio de Salinas lo que predominó fueron las llamadas *concertacesiones*, arreglos en los que la bancada del PAN apoyaba las reformas del gobierno y al hacerlo aseguraba el triunfo en algunas gubernaturas. Muchos panistas de la vieja guardia renunciaron a su carnet. Se negaban a admitir que las batallas democráticas tuvieran que pasar por el aval de Los Pinos, en vez de librarse en la plaza pública y en las urnas. Los triunfos panistas de Baja California en 1989 (primera gubernatura en 50 años) y en Chihuahua (1992) tuvieron un sabor anticlimático que compensó, por fortuna, la franca oposición al fraude en Guanajuato (que concluyó con la anulación de las elecciones) y sobre todo la limpia lucha independiente del doctor Salvador Nava que recorrió el país para lograr la anulación de los comicios en San Luis Potosí. Nava moriría al poco tiempo de un cáncer terminal. Es uno de los héroes insuficientemente reconocidos de nuestra democracia. Fue un honor acompañarlo.

Rumbo a las elecciones de 1994, el PAN eligió como candidato a Diego Fernández de Cevallos, uno de los artífices del nuevo pragmatismo panista. El proyecto de largo plazo por parte de la nueva generación priista era quedarse 24 años en el poder, y el PAN (cuyas ideas económicas y sociales no discordaban con las del salinismo) no pareció objetar el diseño: hasta podría cogobernar con los tecnócratas, arrancándoles poco a poco gubernaturas y municipios. La rebelión zapatista —tercera y última llamada sobre la caducidad del sistema— cambió el cuadro para siempre.

Con Colosio o con Zedillo, el predicamento al que se enfrentó el PAN en 1994 era el mismo: se sentían —con amplias razones— impreparados para asumir esa responsabilidad. De allí la reticencia de Fernández de Cevallos tras su clara victoria en el primer debate presidencial televisado que se realizó en mayo de 1994, tres meses antes de las elecciones. Quizá resonaban en él las palabras dichas por Gómez Morin de 1967: "No hemos tenido mucha ansiedad de llegar a puestos de gobierno […] si mañana, por uno de esos trastornos públicos de fondo, Acción Nacional tuviera que hacerse cargo del gobierno, tendría que hacer un esfuerzo intenso para formar un equipo de gobierno".

HACIA EL PODER

Durante el gobierno de Ernesto Zedillo el PAN comenzó a vislumbrar —sin reflexionar en ello cabalmente— su arribo al poder. Ese "trastorno público de fondo" al que había hecho referencia Gómez Morin había ocurrido a todo lo largo del año 1994: el zapatismo, el magnicidio de Colosio, el "error de diciembre". Si en 1988 el ciudadano se había volcado sorpresivamente a favor de Cárdenas, en las elecciones intermedias de 1997 podían ocurrir sorpresas similares que hicieran irreversible la alternancia presidencial en el año 2000. El PRI, claramente, tenía el tiempo contado.

Un hecho de gran valor simbólico en la época fue la convergencia de dos viejos luchadores para la búsqueda de la paz y la concordia en Chiapas: Heberto Castillo y Luis H. Álvarez. Al margen de la eficacia final de sus gestiones, su trabajo conjunto mandaba un mensaje claro al PAN y al PRD en su carrera paralela a Los Pinos: la calidad moral del liderazgo, entonces como ahora, era definitiva. Y en el caso particular del PAN lo era mucho más. Ninguna de sus victorias pírricas (pactadas o sancionadas en Los Pinos) debió opacar en ellos la convicción de que la calidad moral era su verdadero, de hecho su único, capital histórico: la percepción por parte del ciudadano de que se trataba de un partido de gente recta, insobornable, decente.

En el poder

El PAN llegó al poder en el año 2000 y lo conservó en el 2006. La impreparación para gobernar (la pobreza de los gabinetes, la inanidad de sus cuadros en todo el país) marcó 12 años del PAN en el poder y determinó finalmente su derrota. Pero mucho más grave que la impreparación fue la inmoralidad. Haber desoído el viejo consejo político de Gómez Morin fue una falta de sensatez y realismo. Abandonar el legado moral fue una traición.

Dentro del PAN dejaron de importar los principios y se desató una pelea por los puestos. El partido se corrompió por la búsqueda de posiciones. Ricardo García Cervantes ha dicho que en el PAN se han cometido tantas pillerías con el voto hasta volverlo indistinguible del PRI. De todo el abanico de casos de corrupción que ha denunciado *Proceso*, el más notable tiene que ver con el tráfico de influencias en beneficio de los hijos de Marta Sahagún. En dos áreas: la inmobiliaria (compraron baratas cientos de propiedades del IPAB y las revendieron a un precio superior) y Pemex (entre 2002 y 2006 las empresas de los hijastros de Fox recibieron contratos multimillonarios de la paraestatal). Si Felipe Calderón hubiera abierto una investigación contra ellos a partir del 2 de diciembre de 2006, la historia habría sido distinta. Habría inaugurado su gestión con un acto moral, no con un acto de fuerza.

Durante el sexenio de Calderón, los escándalos de corrupción en el nivel estatal y municipal mellaron aún más el legado moral del PAN. El caso de Fernando Larrazábal (alcalde cuyo hermano fue exhibido extorsionando casinos) es elocuente. En julio de 2012, García Cervantes dijo: "Me voy para no ser cómplice de estos pillos". Tras la derrota que envió al PAN al tercer lugar en las preferencias electorales, una comisión de evaluación concluyó que el problema del partido era la corrupción interna.

El PAN vive hoy la crisis más profunda de su historia. Para colmo, el más viejo fantasma ronda ahora sus pasillos en algunos estados del centro y el occidente: el fantasma del fascismo. El Yunque —me consta, por haber escuchado alguna vez, de viva voz, su basura antisemita— no es un grupo espectral, es una fuerza activa. El mejor PAN —el de Gómez Morin, Luis H. Álvarez, Juan José Hinojosa, Carlos Castillo Peraza y tantos militantes decentes— debe retomar la frase que tanto gustaba a Gómez Morin: debe refundarse desde los orígenes mismos, no los fascistas, los democráticos.

Desaliento de México

(2016)

La irrupción brutal de la violencia ha sido la mayor sorpresa del siglo XXI en México. No habíamos vivido nada similar desde la Revolución mexicana, pródiga en atrocidades: ejecuciones y masacres, secuestros, asaltos, saqueos, extorsiones. Más de 1 millón de personas murieron violentamente entre 1910 y 1920. Entre 2007 y 2014, más de 180 mil mexicanos fueron asesinados por motivos relacionados con el crimen organizado.

El golpe de gracia para muchos mexicanos ocurrió en septiembre de 2014 en Iguala: la desaparición y probable asesinato de 43 estudiantes de la Escuela Normal Rural de Ayotzinapa. La tragedia fue obra de una alianza entre grupos de narcotraficantes, policías y políticos corruptos. La reacción nacional ha sido de furia. "Quien fomenta la violencia es el gobierno", declaró Francisco Toledo, el mayor artista visual de México. Ha habido muchas otras masacres en los años recientes (la de 72 migrantes centroamericanos en San Fernando, Tamaulipas, en 2010, y la de 52 personas en el casino Royale en Monterrey, en 2011), pero ninguna alcanzó el impacto nacional e internacional de Iguala, tal vez porque su escenario fue Guerrero, uno de los estados más pobres y violentos de México, y quizá también porque las víctimas fueron estudiantes, como los que cayeron en la Plaza de Tlatelolco durante la represión gubernamental del movimiento estudiantil de 1968.

La violencia, obviamente, genera sentimientos de inseguridad que cerca de 70% de los mexicanos admite padecer. Ante el riesgo de perder la propiedad o la vida, las posibilidades de reparar el daño o de que los responsables de cometerlo sean castigados son prácticamente nulas. Casi nadie denuncia los delitos. Y para complicar el cuadro, en muchos municipios, especialmente de Tamaulipas, Morelos y Guerrero, la gente abriga sospechas bien fundadas sobre la connivencia entre criminales y autoridades. El Estado mexicano, en su conjunto, ha sido ineficaz para combatir el crimen y ha fracasado en reducir, así sea mínimamente, la plaga de la impunidad. Debido a todo ello, la sociedad mexicana vive en un estado de vulnerabilidad, zozobra y desánimo.

¡Qué distinto se vislumbraba el futuro en el año 2000! La fuerza de los votos deshizo los ejes que mantenían al viejo *sistema* (término que se usaba para describir el monopolio político cuidadosamente operado por el PRI). En 2000, por primera vez desde 1929, el PRI no sólo perdió la presidencia frente al panista Vicente Fox sino también la mayoría en ambas cámaras del Congreso. Clave fundamental en este proceso de cambio fue el trabajo independiente e imparcial del Instituto Federal Electoral. Aunque establecido en 1990, alcanzó su plena autonomía y efectividad en 1996. Debido a la derrota del PRI y al cambio de gobierno, los poderes del presidente disminuyeron y se acotaron. Hasta entonces, la presidencia mantenía las atribuciones de una monarquía absoluta, entre ellas la instalación de un nuevo emperador cada seis años. Pero desde 2000, como fichas de dominó (y por voluntad de los electores que preferían otras opciones como el PAN y el PRD) muchas gubernaturas y alcaldías comenzaron a caer fuera de la esfera del PRI.

Esta pérdida del control por parte del Revolucionario Institucional tuvo otra derivación, no menos sorprendente: promovió la plena libertad de expresión en todos los medios. Hasta 1994, a través de la presión económica o política, el *sistema* censuraba la radio y la televisión. La radio ofrecía alguna resistencia, pero la televisión privada se avenía totalmente al control gubernamental, proyectando en su pantalla sólo la versión oficial y fungiendo —en palabras de su fundador principal— como "un soldado del PRI". Todo esto cambió al final del siglo. México vivió su propia "revolución de terciopelo". La plena libertad de expresión y de crítica se volvió habitual en los medios.

Con esos cambios históricos, muchos pensamos que la democracia, como ideal y como un proceso político ordenado, traería consigo una era de paz, prosperidad y justicia.

Fue una ingenuidad. Ahora, a 16 años de distancia, México padece una profunda insatisfacción con el funcionamiento de su democracia. Existe incluso, en algunos círculos, la impresión de que la transición no ocurrió en 2000 y de que el orden actual no merece siquiera llamarse democrático. Cualquiera que sea su grado, esta insatisfacción, expresada abiertamente en los medios y las redes sociales, es en sí misma un indicio de salud democrática, porque revela una exigencia de soluciones efectivas que contrasta con el clima de censura y autocensura prevaleciente en México a lo largo de casi todo el siglo xx. Y sin embargo, decepcionados con el estado actual de la democracia, muchos mexicanos piensan de modo distinto.

México es muchos Méxicos. Amplias regiones del país viven en paz, pero las razones de su tranquilidad pasan casi inadvertidas. Piénsese, por ejemplo, en el extenso territorio central del Bajío, que comprende los estados de Guanajuato, Querétaro y Aguascalientes. Gracias a sus exportaciones (que incluyen automóviles, computadoras y aviones) las economías de esos estados han crecido de manera consistente a tasas anuales de 4.5, 6.4 y 11.3%. El turismo florece en zonas como Yucatán y Quintana Roo. La propia Ciudad de México, sin estar libre de inseguridad, puede ufanarse de su rica vida cultural y sus sólidas instituciones de educación y salud, tanto públicas como privadas. Y, en fin, comparada con otras naciones de América Latina, la economía mexicana es mucho menos dependiente de la producción petrolera gracias al crecimiento general del comercio y los servicios, la producción agrícola y manufacturera, así como del turismo y las remesas de los mexicanos que trabajan en Estados Unidos.

No obstante, para muchos de nuestros ciudadanos, en especial para los jóvenes, todo esto puede pasar inadvertido. Lo cual es perfectamente comprensible debido a que en el otro México han sucedido, de manera incesante, hechos terribles: asesinatos de estudiantes, periodistas y alcaldes, escándalos de corrupción, airadas huelgas de maestros, la aparición de nuevos cárteles de la droga, choques sangrientos entre los militares y el crimen organizado, linchamientos de criminales locales o de sospechosos por parte de ciudadanos iracundos. Éste es el México que atrae la atención de la prensa nacional e internacional, que lo ha convertido en sinónimo de "drogas y crimen".

El vasto sentimiento de insatisfacción y desánimo en México ha sido rigurosamente documentado en "Veinte años de opinión pública, 1995-2015", el informe reciente de Latinobarómetro, empresa chilena dedicada a medir la opinión pública latinoamericana. El reporte consigna que mientras que cerca de 40% de los latinoamericanos se considera satisfecho con los gobiernos democráticos, únicamente 21% de los mexicanos dice estarlo, no tanto por fallas intrínsecas del sistema democrático (que 60% considera mejor que cualquier alternativa) sino por el desempeño de los políticos. Según Latinobarómetro, el presidente Enrique Peña Nieto alcanza 35% de aprobación (sólo superior, en la región, a Nicolás Maduro de Venezuela, Dilma Rousseff de Brasil, el peruano Ollanta Humala y Horacio Cartes de Paraguay). La fe de los mexicanos en el Congreso es aún más baja, lo mismo que la confianza en los partidos. La inmensa mayoría (cerca de 80%) cree que en México no hay elecciones limpias, que el combate a la corrupción ha sido ineficaz y que el gobierno no sirve al bien del pueblo. En todos esos temas, las actitudes a lo largo de América Latina son menos severas.

Tres de cada cuatro encuestados mexicanos revelan un "sentimiento de deterioro económico nacional", extrañamente similar al de países que están en mucho peor situación, como Venezuela, Honduras, El Salvador, Guatemala y ahora Brasil. Otro problema serio es la delincuencia, que en casi toda la región se percibe como un riesgo más grave que el desempleo. México no podría ser la excepción, pero lo más alarmante es la sensación de inmediatez del peligro: más de la mitad dijeron haber sido víctimas recientes de un delito o conocido a alguien que lo ha sido. Sólo en Venezuela se vive con mayor temor al crimen.

El desánimo, como un estado de depresión nacional, es una amalgama que lo enturbia todo. La persona que lo padece no hace distinciones ni admite los matices necesarios. Entre las varias causas de ese estado de ánimo, enumero algunas. A lo largo de tres décadas, a pesar del progreso relativo, la economía de muchos mexicanos se ha estancado. El crecimiento promedio nacional anual en el periodo ha sido de 2.7%. Adicionalmente, de acuerdo con el Consejo Nacional de Evaluación de la Política de Desarrollo Social,

entre 2010 y 2014 la pobreza se mantuvo en niveles eleva-
dísimos: en 2014, 55.3 millones de mexicanos vivían en esa
circunstancia. Existe una enorme y evidente brecha de
desigualdad entre los muchos multimillonarios mexicanos
y las mayorías, cuya condición es tan lacerante como visible. Como si esto no fuera suficiente, estudios recientes de
la Organización para la Cooperación y el Desarrollo Económicos han señalado los enormes costos administrativos
que deterioran los servicios de salud mexicanos.

Una causa adicional de desencanto es generacional. México es un país de jóvenes. Dos de las generaciones más
recientes —la llamada generación X, nacida entre 1965 y
1980, y los *millennials*, nacidos de 1981 a 1995— componen
70% de la población y, como es natural, se inclinan por
poner poca atención a las tendencias económicas positivas
porque siendo ahora adultos no experimentaron los puntos
bajos de la historia cercana de México: las inflaciones y el
desabastecimiento de alimentos en los años setenta, la quiebra financiera nacional de 1982 (debida al papel excesivo
del Estado en la economía y a la dependencia del petróleo, cuando los precios mundiales se derrumbaron) o aun
los desastres económicos de los noventa, que expulsaron a
millones de mexicanos hacia Estados Unidos en busca de
una vida mejor. Aunque el cuadro macroeconómico ha
mejorado, muchos jóvenes se sienten relegados por la con-
gelación de los salarios y el alto costo de la vida. El ciclo
1970-2000, todavía bajo el antiguo sistema del PRI, deterioró los salarios, dejó una inmensa deuda per cápita, bajísimas

reservas y alta inflación. El ciclo siguiente revirtió algunas de esas tendencias (incluida la emigración) y ha permitido a México sortear ligeramente mejor que el resto de los países de América Latina las crisis posteriores a 2007, incluida la actual caída de los precios petroleros y la devaluación del peso frente al dólar.

Hay una falta similar de memoria viva en el ámbito de la política. Argentina, Uruguay y Chile, que hasta los años ochenta padecieron dictaduras militares, aprecian más la democracia. Pero para las generaciones jóvenes de México el *sistema* pertenece a la prehistoria. Tal vez si conocieran las bárbaras costumbres electorales de México en el siglo xx serían menos pesimistas. Entonces las elecciones eran básicamente un teatro diseñado y organizado por el propio gobierno para asegurar el triunfo de sus candidatos a todos los puestos: la presidencia de la República, 32 gubernaturas, las legislaturas federales y estatales, cerca de 2 mil 500 presidencias municipales. En los años treinta, cuarenta y cincuenta, a los votantes de oposición (que un presidente llamó displicentemente "místicos del voto") se les intimidaba o silenciaba a balazos. Con el tiempo, el PRI desarrolló toda una tecnología para desvirtuar el sufragio: adulteración del padrón electoral, brigadas de "voluntarios" que votaban en varias casillas, voto de personas impedidas para ejercer ese derecho (como niños o ancianos incapacitados). Hasta los muertos votaban. En 1988, el repertorio se enriqueció con la manipulación electrónica de resultados, que permitió al PRI robar la elección presidencial.

Sería absurdo e injusto culpar a los jóvenes por no recordar aquello que no vivieron. Todas las generaciones de la historia están condenadas a esa amnesia. Quizá nosotros, las generaciones mayores, hemos fallado al momento de transmitirles adecuadamente lo que fue la historia del *sistema*. Los grandes errores económicos o las manipulaciones políticas de esos años no se enseñan en las escuelas. Y, aparte de la conmemoración anual de la masacre de estudiantes en Tlatelolco en el 68, el pasado inmediato no está presente en el debate público.

Pero más allá del tema de la memoria, importa entender que la situación política de hoy es muy distinta. Fuera de las inadmisibles prácticas de inducción del voto a través de sobornos o la persuasión mediática a favor de un candidato, casi todas las tácticas del PRI han quedado en el olvido. En las elecciones presidenciales, la participación creció de 58% en el año 2000 a 62% en 2012.

Tradicionalmente, las elecciones intermedias atraían pocos votantes, pero en las de junio de 2015 (donde se eligieron diputados federales y varios gobernadores y alcaldes) 40 millones de mexicanos acudieron a las urnas, cifra equivalente a 48% del electorado, algo más alta que en los comicios intermedios de 2009. Más de 1 millón de ciudadanos contaron los votos y supervisaron la jornada electoral. Se registraron, es cierto, algunos incidentes de violencia en los convulsos estados de Guerrero y Oaxaca, pero a diferencia de las elecciones de 2006 y 2012 hubo pocos reclamos de fraude.

Antes de 2000, los candidatos pertenecían casi en su totalidad al género masculino, y unos cuantos partidos marginales contendían contra el PRI, que invariablemente ganaba la mayoría de los puestos. En las pasadas elecciones intermedias de 2015 las mujeres contendieron en una proporción mucho mayor y, como resultado, 42% de la representación nacional es femenina. En 2015 hubo una pluralidad de opciones partidarias e ideológicas (el PAN, el PRI, el PRD y otros partidos pequeños propusieron candidatos, pero también Morena). Y por primera vez participaron en los comicios candidatos independientes sin filiación con los partidos registrados. Más importante aún fue la voluntad del ciudadano de castigar al gobierno en turno: en cinco de los nueve estados en donde se celebraron elecciones para gobernador triunfó la alternancia. En la Ciudad de México la mayoría de las delegaciones pasaron a partidos opuestos al PRD favoreciendo en especial a su rival Morena. En la Cámara de Diputados el PRI necesitó el concurso de su satélite (el Partido Verde) para asegurar una mayoría calificada. En suma, al menos en términos de participación electoral, equidad de género, diversidad y competitividad de opciones, alternancia en los puestos y honestidad electoral, puede decirse que la democracia mexicana vive y funciona mejor que en el pasado.

En otros aspectos, comparado al régimen que imperó hasta fines del siglo XX, el orden actual es preferible. Los ejes del *sistema* no se han restablecido. La presidencia tiene poderes acotados y la división de poderes —que era una ficción— es real. El Banco de México es autónomo, lo mismo que la Suprema Corte de Justicia. El papel crítico de la prensa y la radio (no la televisión) habría sido inimaginable en aquellos tiempos. Y a esos medios tradicionales se aúnan ahora las redes sociales, juez ubicuo e implacable, aunque no siempre de fiar. La gigantesca Ciudad de México, donde el gobierno masacró a los jóvenes del 68, es ahora una de las ciudades más abiertas y liberales del mundo en términos de política, religión, ideología y derechos sexuales.

¿A qué se debe entonces la aguda inconformidad con el funcionamiento de la democracia? La falta de memoria histórica es una causa genuina, pero menor. La mayor apunta a tres palabras vinculadas en la imaginación pública —y en la realidad— con la política y los políticos: corrupción, violencia e impunidad.

★ ★ ★

"La corrupción —escribió Gabriel Zaid en 1986— no es una característica desagradable del sistema político mexicano: es el sistema." Desafortunadamente, tenía razón. La corrupción era el verdadero *modus operandi* del PRI. Más que un partido, el PRI era un mecanismo de control electoral y patronazgo político que convertía el dinero público en botín privado. Era, además, una agencia de movilidad social: aglutinaba sindicatos obreros, grupos campesinos, empleados, burócratas, empresarios, académicos, periodistas e intelectuales, consiguiéndoles dinero, bienes, servicios, concesiones y prebendas de diversa índole a cambio de votos y obediencia. Si algún funcionario decidía ser honesto no era por temor a la ley —que jamás se aplicaba— sino por su integridad personal. En 1990, Mario Vargas Llosa declaró, de manera incisiva, que el sistema había convertido a México en "la dictadura perfecta".

"Un político pobre es un pobre político", decía Carlos Hank González. El Profesor, como se le conocía, era el perfecto representante del sistema. Refinado y solemne en su trato, los puestos públicos que ocupó le permitieron tender puentes con el sector privado. Fluctuando libremente entre ambos mundos amasó una inmensa fortuna en industrias de autopartes, infraestructura, energía y banca. Aunque fue uno de los políticos más ricos y exitosos de su tiempo, su caso no fue excepcional. Cada seis años, con el arribo de un nuevo presidente, México producía una camada nueva de políticos enriquecidos sin que nadie se atreviera a investigar el origen de sus fortunas, menos aún a levantarles cargos. Con el objeto de proyectar su poder a lo largo de los sexenios, el Profesor consolidó la dinastía política del "Grupo Atlacomulco" en el Estado de México. En 1958 un miembro de este grupo —Adolfo López Mateos— llegó a la presidencia y a partir de entonces sus representantes no dejaron de tener un lugar en los gobiernos del PRI. Aunque Hank González lo encabezó hasta su muerte en 2001, la influencia del grupo se acrecentó con la candidatura de Enrique Peña Nieto, que pasó de la gubernatura del Estado de México a la presidencia. (No hay que olvidar que el Estado de México, una de las entidades más ricas y con mayor número de habitantes en el país, nunca ha conocido un gobierno que no sea del PRI.) En su tiempo, las prácticas del profesor Hank eran vistas como un rasgo casi atávico, algo folclórico, pero en todo caso inevitable del sistema.

En términos relativos, las cosas han cambiado. Es probable que el Instituto Federal de Acceso a la Información, fundado en 2002 y ahora llamado Instituto Nacional de Transparencia, Acceso a la Información y Protección de Datos Personales (INAI), y la labor machacante de la radio, la prensa y las redes sociales hayan impuesto mayores obstáculos a la corrupción en el ámbito federal. Por lo menos, se han publicado escándalos que en tiempos del Profesor permanecían en la penumbra o aparecían solamente en el semanario *Proceso*, fundado en 1976 por el valiente Julio Scherer García. (Fue Scherer, por ejemplo, quien expuso los detalles del inmoral favor que Hank González concedió a su amigo el entonces expresidente López Portillo: una mansión.) Hoy no sólo *Proceso* revela hechos semejantes, también los reporta diariamente un sector de la prensa y —hasta cierto punto— la radio. La corrupción ha dejado de parecer atávica y folclórica al público mexicano. Ahora se ha vuelto vergonzosa e intolerable. Y, justamente porque la cloaca está abierta, una enorme indignación provocó la noticia (que dio a conocer Carmen Aristegui en noviembre de 2014) de que la esposa del presidente había adquirido, en términos generosos, una mansión a través de una compañía constructora favorecida por el gobierno.

Aunque la comisión especial designada para el caso exoneró oficialmente al presidente de haber incurrido en un "conflicto de interés", la revelación dañó la imagen de Peña Nieto y el prestigio de la democracia. ¿De qué sirve la democracia —se preguntan los mexicanos— si un presidente electo por la mayoría de los votos utiliza su puesto público para fines privados?

A pesar de la derrota del *sistema* en 2000, la corrupción no sólo subsiste, sino que se ha acentuado y generalizado. Con la transición a la democracia, la corrupción ha emigrado y echado raíces profundas en algunas entidades. Libres del control central pero ricos en apoyos federales, los gobiernos de los estados han hecho una réplica del *sistema* en sus dominios. Como resultado, existen sospechas bien fundadas de que algunos gobernadores y sus colaboradores han amasado centenares de millones de dólares en sus periodos sexenales. En Nuevo León y Coahuila, los gobernadores Rodrigo Medina y Humberto Moreira ejercieron presupuestos gigantescos, pero dejaron tras de sí deudas tan inmensas como racionalmente inexplicables. De acuerdo con el Instituto Mexicano para la Competitividad, 41 gobernadores se vieron involucrados en escándalos de corrupción entre 2000 y 2013. De ellos, sólo 16 fueron investigados oficialmente y sólo cuatro enfrentaron cargos. De esos cuatro, dos fueron hallados culpables y están en prisión. En otro caso prominente, en Tamaulipas, la Procuraduría General de la República investiga a tres antiguos gobernadores del PRI por vínculos con el narcotráfico. Pero sólo el exgobernador de Quintana Roo, Mario Villanueva, ha sido juzgado y condenado por esos crímenes.

Al problema general de la corrupción se suma el aterrador asunto de la impunidad. Ser víctima del crimen o saberse víctima potencial de un crimen que permanecerá impune puede ser profundamente descorazonador para la actividad económica. Piénsese en los agricultores, profesionistas y pequeños empresarios azotados por la extorsión en Guerrero, Puebla o Morelos. Muchos abandonan sus profesiones, propiedades y ciudades para protegerse a sí mismos y a sus familias. Y existe también la situación inversa: el renacimiento económico de los exportadores de aguacate en Michoacán, parcialmente liberados (al menos hasta ahora) de las extorsiones que afectaban seriamente su modo de vida. Cuando permanece impune, el crimen devalúa igualmente los progresos políticos y las libertades, que por lo demás no existen en muchas zonas del interior del país (Tamaulipas, Veracruz) donde la delincuencia organizada y las autoridades locales o estatales (aliadas entre sí, según varios observadores) asesinan a periodistas, acallan voces de denuncia (hasta en las redes sociales) y aterrorizan a la población.

En el siglo XIX México controló la violencia criminal con la dictadura personal de Porfirio Díaz (1876-1911). Sus agentes eran los "jefes políticos" (mandamases locales) y los gobernadores (electos formalmente, pero en realidad impuestos por Díaz). En el siglo XX, la "dictadura perfecta" del PRI controló la violencia criminal recurriendo a la violencia legítima (que ejerce cualquier Estado) y la ilegítima, traducida en pactos mafiosos con el submundo del crimen o prácticas de terror de Estado como desapariciones, torturas, asesinatos. En el siglo XXI, México no puede controlar la violencia con una dictadura personal sino con el imperio de la ley. Lo que se requiere es un Estado que respete y haga respetar las leyes penales (comenzando con los actos delictivos y corruptos de los propios gobernantes). Pero para edificar ese nuevo Estado la experiencia del siglo XX en materia de justicia nos dejó particularmente mal preparados.

La sensación de que "la vida no vale nada" es antigua en México. Proviene de nuestra fascinación —a la vez graciosa y seria— con la muerte, que algunos poetas y antropólogos remontan hasta los sacrificios humanos en tiempos prehispánicos. Pero "la vida no vale nada" es más que un dicho de dimensiones míticas, culturales o artísticas. Es algo real y tangible. La Revolución mexicana —con sus personajes de leyenda como Emiliano Zapata y Pancho Villa, sus reflejos en los murales de Diego Rivera, las novelas épicas y el cine— alimentó esa fascinación. La Revolución —"la fiesta de las balas", como Martín Luis Guzmán llamó a uno de sus episodios— quedó grabada en la memoria colectiva como un poderoso mito de redención. El Estado "emanado" de esa Revolución proclamó como su obligación principal proveer justicia y esa misión justiciera vindicaba el uso de la violencia. Así, bendecido por un pasado de violencia sagrada, nació el concepto de *justicia social*, entendida como la capacidad de distribuir la riqueza a cambio de apoyo político. Este énfasis no sólo sirvió para legitimar a los gobiernos revolucionarios (y favorecer medidas de apoyo a la equidad social), sino que vació la palabra justicia (y la práctica asociada a ella) de su sentido pleno y original, especialmente en el ramo criminal.

Durante el sistema del PRI, los delitos se atendían en estados y municipios, pero cuando permanecían irresueltos o se volvían visibles en un nivel nacional, el presidente o el procurador general (que era y sigue siendo su subordinado) amenazaba con el cese a la autoridad local (aunque teóricamente hubiera sido electa por votación popular). Y la pirámide de intimidación funcionaba: de 1930 hasta fines del siglo XX, la tasa de criminalidad bajó de 65 a 10 homicidios por cada 100 mil habitantes. Los grupos criminales y los narcotraficantes (mucho más débiles que los de ahora) estaban subordinados al Poder Ejecutivo Federal, cuyas diversas agencias políticas, policiacas o militares los controlaban, los protegían, les imponían las reglas del juego y, muy a menudo, recibían su tajada del negocio.

La politización de la justicia era mucho menos pronunciada en otras áreas del derecho, como la civil, mercantil o laboral. Pero esa misma politización de la justicia —dominante en el área criminal, sobre todo en el caso del crimen organizado y el tráfico de drogas— inhibió el desarrollo de las profesiones ligadas a su procuración e impartición: criminólogos, agentes investigadores, jueces, agentes del ministerio público. Tampoco las diversas policías se profesionalizaron o modernizaron: siguieron siendo el brazo armado de la violencia estatal.

Con ese pasado a cuestas, ¿qué podíamos esperar para el siglo XXI? Carentes de instituciones, personal, prácticas y tradición jurídica, sobre todo en el ámbito criminal, confiamos en que la democracia electoral recién conquistada abriría un mundo de paz, orden y legalidad. Lo que ocurrió es que, al quebrar el monopolio político del presidente (columna vertebral del sistema político), el arribo de la democracia tuvo el efecto centrífugo de liberar de toda tutela a los gobiernos locales, que sin la presión del poder central dejaron el combate al crimen a instancias federales, sobre todo el ejército. Con la posible excepción de la marina, estas fuerzas no han podido cumplir con el inmenso objetivo que se les ha impuesto. Insuficientemente preparadas en materia de derechos humanos, han mostrado ser ineficaces para combatir al crimen, tarea ajena a sus misiones militares.

Más allá de este enorme déficit institucional en el ámbito de la justicia penal, México ha vivido estos años el efecto de una "tormenta perfecta" en la que inciden factores adicionales, tanto internos como externos. El proceso democrático de México coincidió con varios fenómenos: el debilitamiento del narco en Colombia y el consecuente fortalecimiento de los narcos mexicanos (tan poderosos que ahora pueden retar al Estado que antes vigilaba y limitaba sus operaciones). Otros factores convergentes han sido el ascenso del mercado estadounidense y global de cocaína, heroína y metanfetaminas, y que en 2004 el presidente Bush levantara la veda de compra de armas (lo que ha provocado desde entonces una inundación de armas en México). La apresurada reacción del gobierno de Felipe Calderón, a fines de 2006, fue lanzar una ofensiva casi desesperada por recuperar territorios en manos del narco, lo cual contribuyó fatalmente a elevar los enfrentamientos de los grupos criminales, entre sí y contra las fuerzas federales o las policías locales, a veces coludidas con los propios delincuentes. Desde entonces, la incesante ola de violencia se expandió del comercio de drogas a todos los negocios criminales: secuestros, extorsiones, asaltos, asesinatos, robo directo de combustible en oleoductos, tráfico de personas. Entre 2008 y 2011 la tasa de homicidios subió de nueve a 24 por cada 100 mil habitantes. Y el huracán de violencia continúa.

No sólo ha habido malas noticias. Se ha logrado apresar a varios capos mayores, se ha reducido la peligrosidad de algunos grupos particularmente sanguinarios (Los Zetas, la Familia Michoacana). Algunas importantes ciudades del norte del país que hace poco eran sucursales del infierno (Monterrey, Tijuana, Ciudad Juárez) han logrado reducir sus índices delictivos debido a la participación de la sociedad civil y al compromiso de los empresarios locales que tomaron parte en la creación y mantenimiento de nuevas unidades policiacas.

Pero otras zonas del país no son ya, para efectos prácticos, parte de México. En municipios de Tamaulipas y Veracruz, al noreste; en Guerrero y Michoacán, en el occidente, y en partes de Morelos y el Estado de México, en el centro, los cárteles del crimen se han multiplicado en grupos que no se contentan con cultivar y traficar droga y aterrorizar a la población con extorsiones, secuestros, asesinatos. Los sicarios graban sus atrocidades en los celulares y las comparten en las redes sociales. Pueblos enteros han desaparecido y ha habido desplazamientos masivos de personas. Ahora, en el nivel municipal al menos, ya no buscan la complicidad del Estado. Ahora buscan directamente convertirse en el Estado. Ante los alcaldes que se les resisten, su ley ya no es "plata o plomo" sino "plomo... o plomo". Se trata de apoderarse de los fondos públicos que provee la federación, cobrar impuestos, tomar control de la riqueza local. Lo comprobé personalmente hace unos años, al recibir una llamada de un extorsionador. Esas llamadas se hacen al azar, a veces directamente desde las prisiones. El hombre en el teléfono no tenía idea de mi identidad. Para atemorizarme, dijo: "Aquí ya no hay Estado" y, refiriéndose presumiblemente a un jefe del narco, agregó: "Aquí sólo manda El Grande".

Un sector creciente de la población opina que el primer paso para controlar al crimen organizado y a los cárteles es legalizar las drogas, comenzando por la mariguana. Aunque sólo un tercio de la población lo acepta, no es improbable que, ante la nula cooperación estadounidense en el control de la venta de armas de asalto, México emule a Uruguay y adopte hasta cierto punto esa medida. Si ocurre, tendría probabilidades de éxito. Los mexicanos (incluido el propio

Estado) han mostrado madurez y solidaridad en casos de desastres naturales: terremotos, epidemias, huracanes. Si las drogas se despenalizan y el gobierno trata su consumo como un problema de salud pública, la sociedad y el Estado responderían con eficacia.

Gabriel Zaid sugiere empezar por las cárceles: "Si el Estado no puede controlar las cárceles (una milésima parte del territorio mexicano), ¿cómo pretende controlar el resto?" Hay 240 mil reos hacinados en el sistema penitenciario mexicano, cuya capacidad máxima aceptada es de 190 mil hombres y mujeres. Esta sobrepoblación se debe a la alta proporción (42%) de reos procesados, pero no sentenciados. Las cárceles no sólo son porosas y corruptas (un cogobierno entre reos y autoridades), sino violentas e inseguras. Y son escuelas del crimen. Entre las medidas prácticas que propone Zaid está una solución legal masiva que pudiera liberar a los delincuentes menores, auditorías independientes a los penales (instalaciones, equipos, prácticas), monitoreo de todas las llamadas telefónicas, certificación periódica de funcionarios, inspección sistemática de comisiones de derechos humanos.

El problema jurídico mexicano no es legislativo. Una avanzada reforma constitucional introdujo en 2008 el sistema de juicios orales que busca hacer expedita y transparente la justicia. Este sistema se está instrumentando ya en algunos estados y debe entrar en vigor a nivel nacional a mediados de este año. Pero de poco servirá sin una reforma de las policías. Hoy prevalece una división en tres niveles:

una sola Policía Federal, 32 estatales y más de 2 mil municipales. La intención actual es reunir a las policías municipales en 32 mandos únicos, uno por cada entidad. Pero hay dudas de que este cambio resuelva los problemas debido a que el nivel de profesionalismo de muchas policías estatales es tan bajo como el de las municipales. México no tiene nada parecido a la Guardia Civil española o los Carabineros chilenos.

Siendo tan prioritaria la creación y el mantenimiento de una policía federal autónoma y confiable, la transformación no depende sólo del gobierno: la sociedad civil debe participar también de manera consistente en la creación y salvaguarda de nuevas prácticas e instituciones. Y las escuelas, universidades y los medios deberían llevar a cabo un amplio programa de educación cívica y jurídica. Para crear y mantener una policía nacional confiable es absolutamente necesario el establecimiento de una fiscalía federal autónoma. En este sentido, Peña Nieto envió en 2014 al Congreso una reforma constitucional, pero está congelada en el Senado. La creación de esa agencia es crucial porque, como entidad autónoma, podría incluso vigilar las acciones del presidente. Varias instituciones autónomas —el INAI, el Banco de México, el Inegi— funcionan bien.

A fin de cuentas, nada nos urge más que recobrar el valor de la vida. El tiempo apremia por otra razón alarmante: el avance de la descomposición moral. La fascinación por los narcotraficantes y el odio al gobierno están convergiendo en una danza macabra. Algo se pudrió en México. No es posible ver sin alarma —sobre todo entre los jóvenes— esta inversión de valores, donde al asesino se le pinta como un héroe y a quien lo lleva ante la justicia se le acusa de criminal.

La construcción de un genuino Estado de derecho (en especial para enfrentar el crimen) es un proyecto de largo plazo y será la misión de las generaciones jóvenes. Estas generaciones ya están entre nosotros. Son los hijos y nietos de gente como yo, que marchó en el 68. No deja de ser extraño, en este sentido, que no hayan surgido en México partidos políticos de jóvenes (como Podemos o Ciudadanos en España). Pero los jóvenes de hoy han elegido otros carriles de protesta: las redes sociales, internet. Marcada por el humor, la energía y la imaginación (también por la fugacidad y la ligereza), su protesta está más que justificada. Les heredamos una casa (la de la democracia) con paredes, techo y piso, pero poco más. No es realmente una casa, sino un espacio turbio, inseguro, violento, con zonas de enorme pobreza y desigualdad. De ahí su enojo. Pero se trata de un enojo democrático. No revolucionario ni radical, pese a su virulencia. La mayoría no quiere derruir la casa. Quieren que sea tan transparente y funcional como las de países políticamente más avanzados, cuyas noticias y costumbres conocen.

Decía Hannah Arendt que el totalitarismo aparece en sociedades desencantadas con la democracia, susceptibles de dejarse fascinar por el carisma del hombre fuerte. En México no existe el riesgo de totalitarismo, pero sí el de un caudillo mesiánico. En las próximas elecciones presidenciales de 2018 los jóvenes podrían participar formulando una agenda o, mejor aún, apoyando a un candidato ciudadano propio que encare los grandes problemas nacionales con una nueva visión y nuevas iniciativas, y al mismo tiempo cierre cualquier paso a una alternativa autoritaria. Costó un enorme esfuerzo transitar a la democracia. Por eso valdría la pena consolidarla fundando, desde los cimientos mismos, un genuino Estado de derecho que respete y haga respetar la ley, una entidad que, entre otras cosas, rescate e instrumente el sentido original de la justicia en el ramo criminal. No es un propósito más utópico que nuestras esperanzas y sueños de libertad en el 68. Aunque un régimen autoritario los reprimió, finalmente se hicieron realidad en nuestro tiempo, un logro mayor a pesar de los grandes problemas que aún persisten.

Un gobierno destructor

(2020)

En el recuento de los "déspotas electos" de nuestro tiempo, hombres fuertes que anulan la división de poderes, supeditan a los jueces, acotan la libertad de expresión y buscan subvertir la democracia, la prensa internacional menciona a Vladímir Putin, Recep Tayyip Erdoğan, Narendra Modi, Nicolás Maduro, Rodrigo Duterte, Jair Bolsonaro, Benjamín Netanyahu, Matteo Salvini y Donald Trump, pero, salvo excepciones, suele olvidar a Andrés Manuel López Obrador. La omisión es extraña. AMLO (como se le conoce) tiene los méritos suficientes para figurar en el elenco y aun destacar en él, con una característica inusual y desconcertante: se ve a sí mismo, y se comporta, como un redentor.

Nacido en 1953 en el estado de Tabasco, AMLO fue un miembro activo del PRI de 1976 a 1989, cuando se unió al PRD, el nuevo partido de izquierda, donde subió de rango hasta alcanzar su presidencia (de 1996 a 1999). En el 2000 fue electo jefe de Gobierno de la Ciudad de México. En 2006 perdió la elección presidencial por un margen estrechísimo (243 mil 934 votos, 0.62%) ante Felipe Calderón, y de inmediato se declaró "presidente legítimo" de México. A partir de ese momento se convirtió en un crítico implacable de la agresiva e ineficaz guerra contra las drogas de Calderón. Perdió de nuevo en 2012 ante Enrique Peña Nieto, de cuya corrupta administración no fue menos crítico. En julio de 2018, en su tercer intento, AMLO fue electo presidente con 53.19% del voto. A fines de 2019, a un año de su arribo al poder, su índice de aprobación llegó a 72 por ciento.

Estaba claro que para muchos mexicanos AMLO representaba una esperanza de rectitud y renovación. Un amplio sector del país estaba sencillamente harto del PAN y el PRI, que gobernaron de 2000 a 2018. Pero hay otra razón detrás de su popularidad: el aura religiosa que lo rodea. Hasta abril de 2020 (cuando, ya declarada la pandemia, decidió suspender sus giras de manera temporal), López Obrador había recorrido semanalmente cada municipio de México en un esfuerzo que él mismo, con sus habituales autorreferencias religiosas, ha llamado "apostólico" y que vastos sectores han sentido como tal: cercano, genuino y compasivo. Mientras Peña Nieto jugaba golf los fines de semana, AMLO ha ido por los pueblos hablando con la gente y tomándose *selfies*. La "buena nueva" que predica no es un mero cambio de gobierno y ni siquiera un nuevo régimen sino el advenimiento —en el sentido religioso— de una nueva era, libre de corrupción y prometedora de igualdad, prosperidad y justicia.

El paralelo con el comandante Hugo Chávez es ilustrativo, aunque hay diferencias marcadas. AMLO no pretende convertirse en una celebridad internacional y ni siquiera latinoamericana (desde que tomó posesión no ha viajado fuera del país). Indiferente y hasta alérgico al dinero, nadie le ha conocido negocio ilícito (tampoco lícito). Austero en lo personal, ha impuesto una disciplina fiscal draconiana, aunque arbitraria, opaca y desordenada. No es particularmente nacionalista, como Chávez y la mayoría de aquellos "déspotas electos", y mucho menos racista como Trump, a quien trata con una obsequiosidad sin precedentes en la digna historia de la diplomacia mexicana. Cada vez que Trump insulta a México y a los mexicanos, AMLO guarda un discreto silencio. No sólo eso: se jacta de la amistad de Trump y cedió ante sus amenazas de aumentar unilateralmente los aranceles si México no cumplía con sus políticas punitivas de inmigración.

Pero entre Chávez y AMLO hay semejanzas perturbadoras. Chávez aparecía cada domingo en su maratónico programa *Aló Presidente*. AMLO aparece de lunes a viernes de 7 a 8:30 o 9 a. m. en Palacio Nacional, o donde se encuentre de gira, en lo que ha llamado las "mañaneras". No son propiamente conferencias de prensa. Son misas cívicas, sermones que se difunden masivamente en televisión y en redes sociales, convirtiéndolo en la fuente principal y hasta única de información para sectores mayoritarios. Cuando rara vez acuden a esas mañaneras periodistas serios y formulan preguntas comprometedoras, el presidente los elude, los desacredita o desmiente, sosteniendo que él tiene "otros datos" (variedad mexicana de los *alternative facts*). Dado que en México las estaciones de radio y televisión son concesionadas por el Estado, algunas han optado por evitar la confrontación directa con López Obrador. Sólo unos cuantos periódicos y revistas independientes sobreviven, además de voces críticas en sitios de internet y programas de radio y televisión. El humor político, que tuvo una gran tradición en las carpas mexicanas, se refugia ahora en las caricaturas y las redes sociales. No hay programas de sátira política por televisión. Un Stephen Colbert mexicano es impensable porque el presidente no lo toleraría.

Igual que Chávez, AMLO provoca deliberadamente la polarización y el encono. Aquél azuzaba al "pueblo bolivariano" contra los "escuálidos" y "pitiyanquis"; éste divide a los mexicanos entre "el pueblo bueno" que lo vitorea en las plazas y los "conservadores" que se resisten al "cambio verdadero". López Obrador ha acuñado decenas de epítetos injuriosos para denigrar a sus "adversarios" —en particular la prensa y los críticos independientes—, cuya descalificación ejerce y promueve. Entre ellos: alcahuete, aprendiz de carterista, camaján, fifí, mafiosillo. Gabriel Zaid lo ha llamado "poeta del insulto" (*Reforma*, 24 de junio de 2018).

Otro factor que los une es el uso político de la historia. Chávez se sentía la reencarnación de Simón Bolívar en el siglo XXI al grado de ordenar su exhumación para rescatar su "verdadera" imagen que, gracias al Photoshop más que a la antropología forense, resultó distinta a los retratos de época y asombrosamente similar a la suya. Menos macabro hasta ahora, AMLO ha llevado la obsesión por la historia a extremos similares. La historia para él es un oráculo al que recurre con dos ópticas convergentes en su propia persona: la "teoría de los grandes hombres" y el libreto de la revolución social pacífica. Según la teoría, la historia mexicana es un elenco de héroes a quienes López Obrador busca emular y superar. Según el libreto, la historia es una promesa de redención social incumplida, desvirtuada, traicionada, que es preciso retomar en una "cuarta transformación", acaudillada por él, cuyo fin será completar la obra de la Independencia, la Reforma y la Revolución.

Si Chávez solía incurrir ocasionalmente en el uso de simbología cristiana, en AMLO el factor es esencial y en un país tan religioso como México ha resultado decisivo. En un ensayo publicado poco antes de las elecciones de julio de 2006 lo caractericé como "El mesías tropical" (*Letras Libres* 57, junio de 2006).

Como defensor de los pobres perseguido por los ricos, se equiparaba entonces (y lo sigue haciendo) con Jesucristo. Y la gente lo reconocía como tal. "Eres nuestro mesías", decía un cartel que portaba un anciano indígena en un remoto pueblo de Oaxaca. El adjetivo "tropical" no era mío, era suyo. En uno de sus libros sobre Tabasco, AMLO equiparaba el carácter apasionado de los políticos tabasqueños con la naturaleza del "trópico" en aquella zona del sureste, con sus selvas infranqueables y sus ríos tempestuosos.

Este mesianismo tropical se manifestó en los años treinta en el gobierno de Tomás Garrido Canabal, cuyo intento de arrasar iglesias, quemar santos y destruir toda presencia de la religión católica es el tema de la famosa novela de Graham Greene *El poder y la gloria*. Un similar borrón y cuenta nueva con el pasado intenta López Obrador ya no sólo en Tabasco sino en México: fundar desde el poder presidencial absoluto un México sin corrupción, un México moral, un México puro. Para lograrlo, cuenta con miles de jóvenes contratados por el gobierno. Son los llamados "servidores de la nación" que recorren el país, "moralizan" a la población y levantan censos de necesidades sociales.

AMLO está genuinamente persuadido de su papel. En su vocabulario no existe la palabra ciudadano. Sólo existe un ente colectivo llamado "pueblo". El 47% de los ciudadanos que asistieron a las urnas, pero no votaron por él no son "pueblo"; tampoco 36.58% del padrón que no votó. Y él solo representa al pueblo, defiende al pueblo, encarna al pueblo, *es* el pueblo. Busca "hacer historia" (lema de su campaña) mediante una "revolución" pacífica que recobre y acreciente la preponderancia política, económica, social, educativa e ideológica que tuvo el Estado en tiempos del PRI durante buena parte del siglo XX. Se trata, claramente, de una restauración, de una vuelta a aquel pasado, pero con elementos inéditos. Los presidentes del PRI gozaban de una concentración desmesurada del poder, pero nunca fueron dueños del partido (que era una confederación de organizaciones obreras, campesinas, burocráticas, y una máquina electoral). Su carisma personal era lo de menos, lo importante era su investidura institucional. Y tenían el límite infranqueable de un sexenio. AMLO es distinto. Es dueño de Morena, su partido. Es poderoso por sus facultades constitucionales, pero también por su investidura y carisma. Es un redentor en el poder. Y los redentores no suelen obedecer límites legales, institucionales o temporales.

En mi ensayo de 2006 quise advertir los peligros de esta voluntad centrada en un caudillo purificador. De conseguir el triunfo, que en ese momento me parecía inevitable (encabezaba las encuestas), temí que AMLO revirtiera los modestos progresos de institucionalización que había logrado la democracia mexicana desde su nacimiento en 1997, cuando el PRI había fallado en obtener la mayoría en la Cámara de Diputados, con lo que daba por concluidas siete décadas ininterrumpidas de control en el Congreso. Por primera vez en nuestra historia moderna contábamos con un Instituto Federal Electoral confiable y autónomo, un Congreso plural, un Poder Judicial independiente y plena libertad de expresión (había sido restringida hasta la década de los ochenta). Todo esto correría peligro por el acceso al poder de un caudillo fuerte, más aún si se veía a sí mismo, y era visto por la gente, como un redentor. La desilusión de las expectativas mesiánicas —pensé— sobrevendría inevitablemente, pero en el trance México podía perder años irrecuperables.

AMLO ha gobernado con una energía revolucionaria cuya fuente es aquel impulso mesiánico de salvar al país. Antes del estallido del covid-19 me preguntaba si México había perdido un año. Ahora temo que pierda los cinco restantes.

★ ★ ★

AMLO actúa movido por lo que él llama "ideales y principios" que le parecen inobjetables porque emanan de él, de su autoproclamada superioridad moral, y lo liberan de considerar las consecuencias prácticas de sus actos, que no puede imaginar negativas y por tanto no necesita calibrar, vigilar o eventualmente corregir. Pero los efectos de sus acciones en el primer año no eran alentadores y ahora, en plena pandemia, se han vuelto trágicos.

Las paradojas del programa social siempre han sido significativas. "Por el bien de México, primero los pobres" proclamaban los anuncios espectaculares con su imagen, a principio de este siglo. Ese mensaje poderosísimo se traduce ahora en un vasto plan de apoyo económico directo a los mexicanos pobres. Se trata de una buena idea que AMLO ensayó con personas de la tercera edad en su gestión como jefe de Gobierno de la Ciudad de México (2000-2005). El actual reparto en efectivo busca llegar a más de 20 millones de personas, pero tiene graves vicios de origen. Para comenzar, es innecesariamente focalizado. En vez de canalizar los recursos universalmente, el proceso se lleva a cabo, al menos en parte, con la intermediación de los "servidores de la nación" que califican discrecionalmente a los beneficiarios del programa, lo cual no sólo se presta a arbitrariedad y corrupción, sino que ha constituido una violación de la ley electoral. Hasta hace poco, los "servidores" no se presentaban como empleados del Estado mexicano sino como representantes de Morena —el partido de López Obrador— y del propio presidente, que aparece, así como el dador universal.

AMLO concibió el plan de lanzar varios "proyectos de bienestar": plantar 266 millones de árboles entre 2019 y 2020 en el sureste, crear cientos de universidades públicas, brindar millones de becas para jóvenes que no estudian ni trabajan y construir las primeras mil 300 sucursales del Banco del Bienestar, que extendería microcréditos a los pobres. Todos estos proyectos han fracasado o se han detenido a causa de la improvisación o la inviabilidad. Su financiamiento provenía de recortes arbitrarios al presupuesto y ajustes en programas vitales. Dos ejemplos: utilizó 57.7% del Fondo de Estabilización de los Ingresos Presupuestarios, una reserva creada por las anteriores administraciones para compensar cualquier caída en los ingresos del gobierno, e hizo lo mismo con los fondos destinados para desastres como huracanes, terremotos y enfermedades catastróficas.

Incluso antes de la pandemia, esta desecación del gasto público en áreas esenciales afectaba seriamente a instituciones públicas fundamentales para los mexicanos pobres, como el Instituto Mexicano del Seguro Social y dieciocho Institutos Nacionales de Salud y hospitales de alta especialidad (cuyo presupuesto para 2020 tuvo un recorte de 4 mil millones de pesos). Todos ellos sufrían una importante escasez de medicamentos y material hospitalario, que López Obrador achacó a la "corrupción" de la industria farmacéutica y a los médicos, pero no a sus irracionales medidas de austeridad. Aún más grave fue el caso del Seguro Popular (creado en 2003, reconocido internacionalmente) cuya desaparición, a cambio de una institución (el Instituto de Salud para el Bienestar, Insabi) que ha operado hasta el momento sin reglas, fue muy criticada. López Obrador ha negado que el desabasto de medicinas se deba a sus medidas, pero el hecho es que, de la noche a la mañana, 53 millones de personas se quedaron sin una cobertura de salud.

Ahora, en medio del covid-19, esas decisiones revelan sus terribles consecuencias. México carece del equipo básico y medicamentos para afrontar la pandemia, y es uno de los países que ha realizado menos pruebas: sólo 0.6 por cada mil habitantes, cuando la media para los países de la OCDE es de 27.7. Aunque el número de infecciones y muertes sigue subiendo día con día —al 17 de junio había alrededor de 160 mil casos confirmados y más de 19 mil decesos— el gobierno sencillamente niega la realidad. Semanas después del estallido, López Obrador seguía viajando por el país, organizando encuentros masivos e invitando a la gente a reunirse libremente, celebrar y abrazarse. (Volvió a hacerlo a mediados de junio.) Después de que *The New York Times*, *The Wall Street Journal* y *El País* denunciaran en mayo que la cifra real de personas infectadas o muertas en la Ciudad de México era al menos tres veces más elevada que las oficiales, AMLO los atacó al estilo trumpista: "periódicos famosos, pero sin ética". En una de las mañaneras, lanzó un encantamiento mágico al virus con amuletos e imágenes sagradas.

Si desde hace tiempo estaba claro que el desmantelamiento del sistema sanitario afectaría precisamente a los mexicanos que votaron por AMLO, ¿por qué no hubo protestas masivas? Si bien desde comienzos de 2020 han aumentado las muestras de inconformidad —las más visibles en redes sociales, que representan sobre todo a las clases medias urbanas—, la respuesta no es simple. Un factor clave es la omnipresencia de la propaganda estatal en la radio y en la televisión. Pero no menos decisiva es la antigua y arraigada cultura política de millones de personas que desconocen el sentido de la representación política, ignoran el significado de la rendición de cuentas y ven al presidente como el legítimo propietario del poder, más legítimo aún si trabaja sin descanso visitando todos los rincones del país, hablándoles al corazón como ningún presidente anterior lo había hecho.

★ ★ ★

En la esfera económica, los "ideales y principios" de AMLO se reducen a privilegiar el papel del Estado sobre el mercado, cuyas funciones desprecia o no entiende. Pero su política es ambigua. Por un lado, con un desdén por los especialistas similar al de Trump, Johnson y Bolsonaro, ha diezmado el gasto público en ámbitos cruciales como la salud, la educación superior, la cultura y la investigación científica. Por otro, pretende fortalecer a las compañías estatales de petróleo y energía y está en camino de devolverles el carácter monopólico del que gozaron hasta no hace mucho.

Uno de sus dogmas consiste en ver al petróleo como una especie de savia existencial de México y a Pemex como la palanca central del desarrollo. El resultado ha sido la prohibición *de facto* de la inversión privada en la exploración, producción y distribución de petróleo y otras fuentes de energía, lo que ha puesto a la economía mexicana en riesgo. A comienzos de 2020, la inminente devaluación crediticia de Pemex hacía temer un descenso paralelo en la calificación del país. Lo primero ha ocurrido ya. Con más de 100 mil millones de dólares en deuda, todas las agencias han degradado como "bonos basura" las obligaciones de Pemex. La razón es clara. Tras haber comunicado en 2019 pérdidas netas de 18 mil 300 millones, en el primer trimestre de 2020 la pérdida alcanzó los 23 mil 600 millones de dólares. A pesar de estos datos y de una caída de 50% en los precios mundiales del petróleo, López Obrador dobló sus apuestas: se propone invertir 8 mil millones de dólares en la refinería Dos Bocas en Tabasco.

El desprecio de López Obrador por la ecología es tan acentuado y cínico como el de Trump y Bolsonaro. La refinería, de llegar a concluirse, será un elefante blanco que para colmo privilegiará el uso de hidrocarburos en lugar de las energías renovables. Las empresas productoras de energía eólica y solar que iban a empezar la prueba final para operar en la red nacional han visto cómo se cancelaban sus permisos, mientras que la Comisión Federal de Electricidad está favoreciendo las inversiones en carbón y combustóleo sobre centrales geotérmicas o hidroeléctricas.

No menos irracional en términos económicos y criminal en lo ecológico es la construcción del Tren Maya. Contra la voluntad de los pueblos indígenas que desde tiempos ancestrales habitan la zona (incluidos los que forman parte del Ejército Zapatista de Liberación Nacional), y a despecho de provocar un desastre ecológico mayor (nada menos que la destrucción de reservas de la biósfera del sureste mexicano, la venerada laguna de Bacalar y la extinción de especies como el jaguar), el tren recorrerá como un fantasma la península de Yucatán.

Quizás el error más visible del gobierno fue la cancelación del Nuevo Aeropuerto Internacional de la Ciudad de México. Una tercera parte ya estaba casi completada y se habían gastado 60 mil millones de pesos. Se le ha sustituido con una quimera: la remodelación del aeropuerto militar de Santa Lucía que las autoridades aeronáuticas mundiales y las aerolíneas nacionales y extranjeras han considerado técnicamente inviable.

AMLO prometió que la economía mexicana crecería a un ritmo anual de 4%. En 2019, por primera vez desde la crisis global de 2008, registró un crecimiento negativo de 0.1%. En 2020 el cuadro ha empeorado severamente. El peso se devaluó 26% durante el primer trimestre del año. En el mismo periodo, la economía cayó 2.4% y, según J. P. Morgan, Moody's y Bank of America, se prevé que al cierre del año se desplome un 8.5%. De acuerdo con la Encuesta Telefónica de Ocupación y Empleo del Inegi, para abril 12 millones de mexicanos dejaron de laborar y perdieron sus ingresos debido a la pandemia. Según el Coneval, 9 millones de mexicanos caerán en la pobreza.

La principal razón del estancamiento económico era evidente incluso antes del covid-19: la inversión privada, que supone alrededor de 90% del total, se había detenido. Era y sigue siendo un problema de confianza, originado en la naturaleza iliberal de la cuarta transformación. En un año el presidente había conseguido una inédita concentración de poderes, que no se limitaba a las restricciones a la libertad de expresión, sino que incluía también la sumisión del Congreso (Morena y sus aliados tienen mayoría en ambas cámaras) así como de varias legislaturas estatales, presidentes municipales y no pocos gobernadores (cuyos presupuestos dependen de fondos federales en 80%). Entre las principales instituciones autónomas, AMLO controla la Comisión Nacional de los Derechos Humanos y la Comisión Reguladora de Energía, cuyo presidente dimitió señalando "puntos de vista y enfoques técnicos incompatibles".

El Banco de México (fundado en 1925) sigue siendo autónomo, así como el Instituto Nacional Electoral (INE, fundado en 1990 bajo el nombre de Instituto Federal Electoral, IFE), que ha operado de manera profesional desde su primer examen real en las elecciones de 1997. No obstante, la situación del INE es delicada: AMLO recortó su presupuesto, lo descalifica a menudo en las mañaneras y no es remoto que busque imponer a los consejeros incondicionales necesarios para dominarlo. Es dudoso que pudiera hacer lo mismo con el Banco de México, pero no tanto con la Suprema Corte, donde ya cuenta con un apoyo sustancial.

Todas esas acciones, además de una ley punitiva que iguala la evasión fiscal con el crimen organizado, habían tenido consecuencias en el sector empresarial antes de la crisis del covid-19, no sólo en las grandes empresas, sino también en cientos de miles de pequeños negocios y en cerca de 5 millones de microempresas. Un sector significativo de México se ha modernizado lo suficiente como para entender que el poder presidencial absoluto representa un peligro claro y presente para la libertad, palabra que significativamente AMLO casi no menciona en sus discursos, pero cuya fragilidad es un factor clave en el clima de desconfianza.

La situación ya era grave, pero la pandemia ha ahondado la brecha entre AMLO y el sector privado. En vez de aplicar las medidas fiscales y económicas que la mayoría de los países han instrumentado para ayudar a compañías y salvar empleos, el presidente decretó: "que quiebren las que tienen que quebrar". En una mañanera reciente declaró que las medidas habituales de crecimiento económico, como el PIB, son inútiles: lo que importa es el bienestar espiritual del pueblo.

★ ★ ★

En 2019 México registró 35 mil 558 muertes violentas, un nivel de violencia no muy lejano al que se registró en el decenio que duró la Revolución mexicana. Antes de la pandemia, la inseguridad y el crimen eran las preocupaciones principales de las familias. Todavía a finales de la década de los noventa, los mexicanos sentíamos vivir en un país razonablemente pacífico hasta que un conjunto de factores (entre ellos la absorción de los cárteles colombianos por los mexicanos y el levantamiento en 2004 de la veda de armas de alto calibre en Estados Unidos) contribuyó a crear la tormenta perfecta. A diferencia de los gobiernos del PRI, que en el siglo XX tenían poder suficiente para negociar con los cárteles e imponerles condiciones (a cambio de buenas tajadas del negocio), los gobiernos de este siglo —debilitados por el efecto centrífugo del poder en toda democracia— fallaron en enfrentar la nueva circunstancia. Irresponsablemente, Vicente Fox no la consideró prioritaria. Temerariamente, Felipe Calderón encabezó la llamada "guerra contra el narco" que apresó a algunos grandes capos, pero tuvo el efecto perverso de multiplicar el número de grupos criminales, expandir su cobertura territorial, sus giros delictivos y su letalidad. (Además, el secretario de Seguridad Pública durante su sexenio, Genaro García Luna, enfrenta hoy día cargos en Estados Unidos por delitos relacionados con el narcotráfico.) Imperdonablemente, Enrique Peña Nieto optó por la actitud del avestruz, apostándolo todo a unas reformas estructurales en materia energética, hacendaria y educativa que él mismo terminó por desprestigiar con imperdonables actos de corrupción, y que AMLO rápidamente derogó.

López Obrador ha dicho que la política de sus antecesores frente al crimen había sido equivalente a "pegarle un garrotazo a lo tonto al avispero". Pero su solución ha resultado cuando menos ineficaz. Su lema "abrazos, no balazos" dicta una suerte de pacifismo unilateral frente a los grupos delictivos. Maniatadas, confundidas por la clemencia del gobierno hacia los criminales, las fuerzas del orden atraviesan por un estado de desmoralización, al tiempo que los grupos criminales, y aun los delincuentes comunes, asaltan, secuestran, extorsionan y asesinan en las calles y plazas del país, con confianza e impunidad. Mientras tanto, los muertos, sobre todo los feminicidios, se acumulan.

Casi todo crimen permanece impune. Las historias ampliamente difundidas de la captura abortada en Culiacán del hijo del Chapo Guzmán, el exjefe del Cártel de Sinaloa, y el terrible asesinato de la familia LeBarón son evidencias de que algunas regiones del país están, *de facto*, bajo el mandato del narcotráfico. A finales de marzo, AMLO tuvo un gesto de buena voluntad hacia Guzmán, quien mantiene una condena perpetua en una prisión estadounidense: viajó varias horas en una gira de trabajo a Badiraguato, la ciudad natal del Chapo, y estando ahí saludó públicamente a su madre. No es de sorprender que hace unas semanas los editores de *Reforma* dieran a conocer la llamada que un supuesto miembro del Cártel de Sinaloa habría hecho al diario para amenazarlo con "volar" sus oficinas si no dejaban de difamar a López Obrador.

AMLO decretó la desintegración de la Policía Federal por considerarla corrupta. La Guardia Nacional absorbió sus funciones, pero un contingente de esta nueva corporación se ha canalizado a la vergonzosa tarea de detener y controlar a los migrantes centroamericanos en la frontera sur, y a mantenerlos en condiciones infrahumanas en la frontera norte. En un intento por aplacar a Trump, AMLO convirtió a México en un muro fronterizo. Con respecto a la migración, AMLO cambió el enfoque humanitario (que él mismo predicaba en el pasado) por una estrategia de disuasión y deportación implacable pero muy apreciada por la Casa Blanca. "Aunque vengan de Marte, los deportaremos", dijo Francisco Garduño, comisionado del Instituto Nacional de Migración, hombre que estaba a cargo del sistema federal de prisiones. Para deleite de Trump, las tropas de la Guardia Nacional chocaron con los migrantes centroamericanos y los deportaron en cantidades récord.

Además de una negociación seria y firme con Estados Unidos sobre el tráfico de armas, y la despenalización de algunas drogas, la verdadera salida a estos problemas es la construcción ardua, penosa y prolongada de un Estado de derecho. Aunque México se ha regido desde 1824 por constituciones no muy distintas a la estadounidense, casi siempre han sido letra muerta. La justicia en todos sus ramos y funciones ha dependido del Poder Ejecutivo. La transición a la democracia en 1997 comenzó a modificar esta condición, y era de esperarse que cualquier gobierno continuara con ese esfuerzo de institucionalización judicial en todos los ámbitos y niveles: policías, cárceles, procuradurías, jueces, magistrados y ministros. Por desgracia, AMLO ha puesto un alto a este proceso y, de maneras cruciales, lo ha revertido. El crimen, por su parte, ha continuado en aumento: en abril de 2020 se registraron 2 mil 492 homicidios, que lo convirtieron en el tercer mes más violento en lo que va del sexenio, después de marzo de este mismo año y junio de 2019 que superaron los 2 mil 500. Para colmo, en los tiempos del covid-19, AMLO pasó de "abrazos, no balazos" a la posición contraria. En sus campañas electorales proclamaba que, si de él dependiera, disolvería el ejército. Ahora aprobó un decreto sin precedentes que da al ejército control nacional de la seguridad por los casi cinco años que le quedan en el poder.

★ ★ ★

A comienzos de 2020, 53% de las personas consideraban que la corrupción había aumentado, a pesar de lo que presume el presidente. La percepción es engañosa. Por su propia naturaleza, la corrupción no puede combatirse desde dentro del gobierno sino desde fuera, mediante instituciones de transparencia y un aparato de justicia que persiga y sancione los delitos. A ese propósito obedeció la creación en 2003 del Instituto Nacional de Transparencia, Acceso a la Información y Protección de Datos Personales (INAI) que ha provisto al ciudadano de información sobre el destino del dinero público en cualquier dependencia. El desempeño del INAI ha sido sobresaliente, y a él han recurrido los medios y las redes sociales para destapar varios actos corruptos de Peña Nieto y sus colaboradores que podrían haber pasado inadvertidos e impunes. Por desgracia, AMLO no cree en el INAI. Ha dicho que es "pura simulación". En consecuencia, ha recortado sus recursos y pronto podría estar en posición de controlarlo o incluso eliminarlo. Ahora no existe la menor transparencia en el uso del dinero público y, al mismo tiempo, la asignación discrecional de contratos a amigos del presidente es más frecuente y abierta que en los tiempos de Peña Nieto. En el cercanísimo círculo de AMLO hay varias figuras estelares del antiguo régimen priista que, bajo su amparo, cometieron ilícitos probados: fraudes electorales, fraudes a sindicatos, fraudes al erario. Pero el perdón presidencial los ha vuelto intocables. Casos que en el pasado habrían provocado renuncias inmediatas o escándalos superlativos, hoy simplemente se archivan por orden del supremo tribunal que encarna el presidente.

La integración del Ejecutivo, el Legislativo y el Judicial en un solo poder que distorsiona la verdad pública y se apropia de la historia, ¿no constituye la más grave corrupción del mandato recibido? Eso es lo que, sin mencionar una sola vez a AMLO, sugiere Gabriel Zaid en su reciente libro *El poder corrompe* (2019). A su juicio, "antes de ser rapiña, irresponsabilidad, injusticia, la corrupción es una impostura".

En el caso de AMLO, la impostura específica consiste en convertir su representación legal en una encarnación mística:

> El poder tiende a corromper el sentido de la realidad, por
> eso atrofia la razón. La corrupción degrada a las personas que
> abusan de lo que representan, por el abuso mismo, no por
> los beneficios que reciben. Las degrada incluso cuando no se
> benefician, cuando abusan "para salvar la institución" [...] que
> así destruyen. Simultáneamente, la corrupción degrada a los
> cómplices activos o pasivos y a toda la sociedad, destruyendo
> los significados y los símbolos.

López Obrador, cuya bandera ha sido siempre la lucha
contra la corrupción, ha abusado de su representación en
los sentidos que indica Zaid, y en esa medida —igual que
Trump y todos los "déspotas electos"— ha corrompido la
institución presidencial, así como los significados y símbo-
los de la democracia.

★ ★ ★

Ningún gobernante de la historia moderna de México ha
acumulado el poder que tiene y ejerce López Obrador.
Ninguna fuerza política puede en este momento compe-
tirle. El PRI está merecidamente liquidado, el PAN carece de
liderazgo, proyecto y organización, y los restantes partidos
de oposición casi no cuentan. Antes de la pandemia parecía probable que el partido de AMLO arrasaría en las eleccio-

nes de 2021 para escoger una nueva Cámara de Diputados y 15 gobernadores. Ese resultado le daría una ventaja significativa hacia las elecciones presidenciales de 2024, en las que López Obrador podría reelegirse directamente (para lo que tendría que cambiar la Constitución, lo que no es imposible) o perpetuarse a través de un tercero —un aliado incondicional e incluso un pariente—, como hizo Putin en Rusia. En ese caso, la democracia mexicana no sólo habría perdido años irrecuperables. Se habría perdido ella misma.

A mediados de 2020, cuando 59% de los mexicanos desaprueba la gestión presidencial de la pandemia (Gabinete de Comunicación Estratégica, 14 de mayo de 2020), ese escenario parece menos claro. Si los partidos de oposición —a pesar de su debilidad, desorientación y falta de liderazgo nacional— logran unir esfuerzos antes de las elecciones intermedias, Morena podría perder la mayoría en la Cámara de Diputados. En ese escenario, descartada la (no imposible) opción venezolana de dominar al órgano electoral, alterar las elecciones o suspender el Congreso, la democracia mexicana respiraría en la segunda parte del mandato de AMLO.

AMLO ha terminado por cumplir las profecías que anticiparon su semejanza con Hugo Chávez. El de López Obrador ha sido un gobierno destructor, pero lo que a Chávez le tomó 15 años, a AMLO le llevó 15 meses. Ha destruido de manera sistemática —se diría que deliberada— la economía y el empleo, ha arrasado con instituciones públicas valiosísimas, ha dilapidado una parte sensible del patrimonio nacional, ha envenenado la atmósfera pública, ha minado el equilibrio de poderes, se ha mofado de las leyes y las libertades y, finalmente, ha abandonado a su suerte a millones de mexicanos. "Por el bien de México, primero los pobres" suena hoy como una broma cruel. Hace meses, antes del covid-19, pensé que el escenario apocalíptico de una crisis integral —económica y social, de seguridad y violencia— era improbable. Ese escenario, cuya gravedad no habíamos imaginado, alentaría la migración a Estados Unidos y ningún muro o ejército podría detenerla. Por desgracia, esa pesadilla, aunada a la terrible mortandad que dejará la pandemia, parece cercana.

México no se perderá. La tarea de reconstruirlo será titánica. La esperanza está en la convergencia de los partidos con la nueva, valiente, activa y alerta sociedad civil. Juntos podrían fomentar la aparición de liderazgos intachables. Juntos podrían recobrar la Cámara de Diputados en 2021. Juntos podrían ganar la elección presidencial en 2024. Juntos podrían formar un gobierno que encare los enormes problemas del país, viejos y nuevos, de forma honesta y responsable, sin expectativas mesiánicas, preservando la democracia y la libertad con las instituciones de un Estado regido por el imperio de la ley.

Índice onomástico

Addison, Joseph, 65
Administración de Control de
  Drogas (DEA), 167
Agencia Central de
  Inteligencia (CIA), 164, 167
agonía del cristianismo, La
  (Unamuno), 85
Aguirre, Manuel Bernardo, 90
Alamán, Lucas, 109
Alemán Velasco, Miguel, 25,
  32, 33, 38, 54, 90, 114
Almada, Francisco R., 75, 76
Alvarado, José, 115
Álvarez, Luis H., 83-85, 87,
  88, 91, 187, 188, 191, 193
Amaro Domínguez, Joaquín,
  36
Arellano Félix, Benjamín, 172
Arellano Félix, hermanos, 171,
  172

Arellano Félix, Ramón,
  172
Arendt, Hannah, 217
Aristegui, Carmen, 207
Arreola, Juan José, 116
Asociación Nacional del
  Rifle, 181
Aspe, Pedro, 131
Ávila Camacho, Manuel, 36,
  183
Azuela, Mariano, 113

Baeza, Fernando, 90, 92
Banco de México (Banxico),
  24, 25, 35, 112, 205, 216,
  232, 233
Banco del Bienestar, 227
Banco Mundial (BM), 73
Banco Nacional de Crédito
  Agrícola, 24, 35, 112

Barrio, Francisco, 84-88, 92, 187
Bassols, Narciso, 113
Becerra Gaytán, Antonio, 93-95
Beltrán Leyva, Alfredo, *El Mochomo*, 174
Beltrán Leyva, Arturo, *El Barbas*, 174
Beltrán Leyva, hermanos, 171, 174, 175
Benítez, Fernando, 116
Blancornelas, Jesús, 170, 171
Bloch, Marc, 75
Bolívar, Simón, 74, 222
Bolsonaro, Jair, 219, 230
Borunda, Teófilo, 83
Bryce, Jame, vizconde, 50
Bulnes, Francisco, 111
Burke, Edmund, 61-63, 66
Bush, George W., 213

Cabrera, Luis, 24
Calderón Hinojosa, Felipe, 19, 148-151, 166, 173, 174, 192, 213, 220, 234
Calderón Vega, Luis, 148
Calles. *Véase* Elías Calles, Plutarco
Camacho Solís, Manuel, 131, 132, 137, 138
Cámara de Diputados, 44, 56, 204, 225, 240, 241
Cámara de Senadores, 69
Camarena, Enrique, *Kiki*, 167, 168
Cambridge University, 60

Cantú, Esteban, 164
Capital, El (Marx), 72
Cárdenas, Cuauhtémoc, 17, 134, 188, 190
Cárdenas, Osiel, *El Mata Amigos*, 171-173
Cárdenas del Río, Lázaro, 12, 25, 32, 33, 36, 39, 40, 97, 106, 119, 135, 183
Carranza, Venustiano, 24
Carrillo Flores, Antonio, 114
Carrillo Fuentes, Amado, *El Señor de los Cielos*, 169-171
Carrillo Fuentes, hermanos, 172
Carrillo Fuentes, Rodolfo, 172
Carrillo Fuentes, Vicente, 171
Cártel de Juárez, 169, 171, 175, 177
Cártel de Sinaloa, 171-173, 175, 179, 235, 236
Cártel de Tijuana, 175
Cártel del Golfo, 168, 169, 171-173, 175
Cartes, Horacio, 200
Casas, Bartolomé de, 109
Caso, Alfonso, 112
Caso, Antonio, 111-113
Castillo, Heberto, 17, 28, 120, 188, 191
Castillo Peraza, Carlos, 149, 150, 186, 193
Castro, Fidel, 12, 166, 168
Centro Mexicano de Escritores, 116
Chávez, Héctor, 75, 82, 90

Chávez, Hugo, 221-223, 240
Chávez, Ignacio, 112
Che Guevara, 12
Christlieb Ibarrola, Adolfo, 84, 184, 185
Churchill, Winston, 50
CIA. *Véase* Agencia Central de Inteligencia
Ciudadanos (partido de España), 217
Clouthier, Manuel, 189
Colbert, Stephen, 222
Colegio de México, El (Colmex), 112, 116, 119, 123, 124, 153
Coleridge, Samuel Taylor, 65
Colosio Murrieta, Luis Donaldo, 18, 131-141, 190
Colosio Riojas, Luis Donaldo, 136
Comisión Federal de Electricidad (CFE), 231
Comisión Nacional de Caminos y la de Irrigación, 24
Comisión Nacional de los Derechos Humanos (CNDH), 232
Comisión Reguladora de Energía (CRE), 232
conde-duque de Olivares, 108
Confederación de Trabajadores de México (CTM), 55, 89, 98, 112
Confederación Nacional Campesina (CNC), 89

Consejo Nacional de Evaluación de la Política de Desarrollo Social (Coneval), 232
Constitución y la dictadura, La (Rabasa), 111
contrato social, El (Rousseau), 68
Coppola, Francis Ford, 168
Cordero, José, 77, 79
Córdoba Montoya, José, 135
Coronado, Esteban, 81
Cortés, Hernán, 30
Cosío Villegas, Daniel, 11-15, 17, 21, 44, 45, 50, 51, 69, 99, 112, 113, 116, 117, 123, 124, 126, 153-155, 157
Creel Cuilty, Enrique, 82
Creel, familia, 82
Creelman, James, 58, 155
Croix, Teodoro de, 77
Cuadernos Americanos (publicación), 112
Cuesta, Jorge, 114
Cueva, Mario de la, 67

Daniel Cosío Villegas: una biografía intelectual (Krauze), 15
DEA. *Véase* Administración de Control de Drogas
Defoe, Daniel, 65, 71
Del desencanto al mesianismo (Krauze), 20n
Democracia en construcción (Krauze), 20n
democracia en México, La (González Casanova), 117

Díaz Ordaz, Gustavo, 13, 17, 38, 40, 114, 120, 164, 185
Díaz, Porfirio, 35, 52, 54-56, 58, 76, 82, 110, 111, 155, 156, 162, 179, 209
Dickens, Charles, 65, 71
Disraeli, Benjamin, 63
Doctor Johnson, 62, 65
Duterte, Rodrigo, 219

Echeverría Álvarez, Luis, 13, 15-17, 30, 36, 37, 40, 92, 99, 118, 120, 121, 124, 125, 167
Ejército Zapatista de Liberación Nacional (EZLN), 231
Elías Calles, Plutarco, 24, 35, 38, 76, 97, 135, 162
Ensayos y notas (Cosío Villegas), 21
Erdogan Recep Tayyip, 219
Escobar, Pablo, 167, 169
Escuela Normal Rural de Ayotzinapa, 195
Escuelas Centrales Agrícolas, 24
Espectador, El (publicación), 119
Estado Mayor Presidencial (EMP), 186
estilo personal de gobernar, El (Cosío Villegas), 13
Estrada, Genaro, 106
Excélsior (publicación), 15, 70, 117, 121

Familia Michoacana, La, 171, 173, 175, 213
Félix Gallardo, Miguel Ángel, 167, 168
Fernández de Cevallos, Diego, 189, 190
Ferro Gay, Federico, 94
Fielding, Henry, 65
Flores Magón, Ricardo, 111
Flores Sánchez, Óscar, 90, 92
Fondo de Cultura Económica (FCE), 112, 116, 124
Fondo Monetario Internacional (FMI), 26
Ford, John, 82
Fox Quesada, Vicente, 19, 101, 143-149, 151, 166, 171, 192, 197, 234
Franco, Francisco, 50, 71, 72
Frente Auténtico del Trabajo (FAT), 89
Fuentes, Carlos, 116
Fuentes Mares, José, 75, 78, 80, 81, 90, 92
Fuentes Molinar, Luis, 84
Fuerzas Armadas Revolucionarias de Colombia (FARC), 182

Gamboa, Federico, 110
Gaos, José, 119
García Ábrego, Juan, 169, 172
García Barragán, Marcelino, 40
García Cervantes, Ricardo, 192
García Luna, Genaro, 234

García Naranjo, Nemesio, 116
Garduño, Francisco, 236
Garizurieta, César, 116
Garrido Canabal, Tomás, 224
Garza, Ramón Alberto, 137, 139
Gerónimo, jefe apache, 77
gesticulador, El (Usigli), 114
Giancana, Sam, 164
Gibbon, Edward, 61
Gilly, Adolfo, 18, 188
Gómez Arias, Alejandro, 115
Gómez Morin, Manuel, 19, 24, 55, 82, 83, 87, 106, 112, 126, 148, 185, 186, 190, 191, 193
González, Luis, 16
González, Manuel, 23
González Casanova, Pablo, 117
González Luna, Efraín, 87
González Morfín, Efraín, 84
Gorostiza, José, 114
grandes problemas nacionales, Los (Molina Enríquez), 111
Greene, Graham, 224
Grillo, Ioan, 163, 165, 167, 168, 170-179, 182
Guardia Nacional (GN), 236
Gutiérrez Barrios, Fernando, 135
Guzmán, Joaquín, El Chapo, 164, 169, 171, 172, 174, 175, 235
Guzmán, Martín Luis, 112, 113, 210

Hank González, Carlos, El profesor, 206, 207
Henríquez Ureña, Pedro, 111
Hernández, Anabel, 165, 167, 168, 171, 181
Hidalgo y Costilla, Miguel, 80
hijo del Ahuizote, El (publicación), 55
Hinojosa, Juan José, 193
Historia de la Revolución Mexicana (Colmex), 124
Houston Chronicle (publicación), 172
Huerta, Adolfo de la, 35
Huerta, Victoriano, 53, 111
Humala, Ollanta, 200

idus de marzo, Los (Wilder), 140
Instituto Nacional de Estadística y Geografía (Inegi), 216, 232
Instituto de Salud para el Bienestar (Insabi), 228
Instituto Federal Electoral (IFE), 197, 225, 232, 233
Instituto Mexicano del Seguro Social (IMSS), 227
Instituto Nacional de Antropología e Historia (INAH), 112
Instituto Nacional de Cardiología, 112
Instituto Nacional de Migración (INM), 236
Instituto Nacional de Transparencia, Acceso a la Información y Protección

de Datos Personales (INAI), 207, 216, 237, 238

Instituto Nacional Electoral (INE), 232, 233

IPAB (Instituto para la Protección al Ahorro Bancario), 192

ISSSTE (Instituto de Seguridad y Servicios Sociales de los Trabajadores del Estado), 149

Johnson, Boris, 230
Jornada, La (publicación), 18
Ju, jefe apache, 77
Juárez, Benito, 51, 76, 105, 109, 154, 155

Krauze, León, 133

laberinto de la soledad, El (Paz), 113
Landerreche Gómez-Morin, Rafael, 87
Larrazábal, Fernando, 192
Lazcano, Heriberto, *El Lazca*, 175
Le Roy Ladurie, Emmanuel, 59
LeBarón, familia, 235
Lenin, Vladímir, 12
Lerdo de Tejada, Sebastián, 51, 105, 154
Letras Libres (publicación), 18-20, 223
liberalismo mexicano, El (Reyes Heroles), 67

Limantour, José Yves, 23
Lombardo Toledano, Vicente, 55, 106, 112, 113, 116, 126
López Mateos, Adolfo, 132, 206
López Obrador, Andrés Manuel (AMLO), 11, 20, 219-233, 235-240
López Portillo, José, 11, 16, 26, 27, 29-34, 37, 38, 40-42, 56, 57, 83, 90, 99, 122, 186, 207

Macaulay, Thomas, 63
Madero, Francisco I., 12, 17, 49, 53-56, 111, 141, 156, 184
Madison, James, 13
Madrazo, Carlos Alberto, 76
Madrid Hurtado, Miguel de la, 16, 48, 66-69, 100, 187
Maduro, Nicolás, 199, 219
Malinche, 30
Mao Zedong, 12
Mar de la Rosa, José Refugio, 89
Marcué Pardiñas, Manuel, 117
Márquez, Zacarías, 76, 80, 82, 93
Martí, José, 154, 155, 159
Martínez Corbalá, Gonzalo, 134
Martínez Pedroso, Manuel, 30, 119
Martínez Verdugo, Arnoldo, 188
Marx, Karl, 12, 72

Matta Ballesteros, Ramón, 166-168
Medina, Rodrigo, 208
Memorias (Lerdo de Tejada), 53
Mier, Servando Teresa de, fray, 109
Mills, Charles Wright, 119
Modi, Narendra, 219
Molina Enríquez, Andrés, 111
Monsiváis, Carlos, 123
Montesquieu, 65, 68, 91, 126
Moreira, Humberto, 208
Morelos, José María, 67
Morrow, Dwight, 24
Movimiento de Liberación Nacional, 119
Movimiento Regeneración Nacional (Morena), 204, 225, 227, 232, 240
Movimiento Revolucionario del Magisterio (MRM), 93, 94
Muñoz Ledo, Porfirio, 188

Namier, Lewis, sir, 59, 60, 65
Naranjo, Óscar, 180
narco, El (Grillo), 163
Nation, The (publicación), 20
Nava, Salvador, 134, 189
Netanyahu, Benjamín, 219
New York Review of Books, The (publicación), 20
New York Times, The (publicación), 166, 228
Newsweek (publicación), 129
Nezahualcóyotl, 108

Nixon, Richard, 165
Noriega, Manuel, 166, 168
Novo, Salvador, 114

O'Conor, Teodoro, 77
Obregón, Álvaro, 35, 53, 97, 141
Ocampo, Melchor, 105
Oñate, Juan de, 78
Orfila, Arnaldo, 116
Organización para la Cooperación y el Desarrollo Económicos (OCDE), 201
Ornelas, Óscar, 91, 93
Ortega y Gasset, José, 79, 122
Ortiz Mena, Antonio, 131
Ortiz Rubio, Pascual, 131
Orwell, George, 42, 121
Oxford University, 60

Pagés Llergo, José, 116
País, El (publicación), 228
Pani, Alberto J., 24
Partido Acción Nacional (PAN), 19, 55, 82-85, 87, 88, 91-94, 99, 101, 113, 126, 147, 148, 150, 151, 183-193, 197, 204, 220, 239
Partido Comunista de México (PC), 188
Partido Comunista Ruso, 94, 98, 99
Partido de la Revolución Democrática (PRD), 121, 126, 134, 147, 151, 191, 197, 204, 219

Partido Mexicano de los
Trabajadores (PMT), 188
Partido Nacional
Revolucionario (PNR), 54
Partido Popular (PP), 113
Partido Popular Socialista
(PPS), 55
Partido Republicano (Estados
Unidos), 86
Partido Revolucionario
Institucional (PRI), 19, 55,
63, 76, 84, 87, 89-93, 95,
97-104, 120-123, 130, 134,
147, 151, 166, 170, 175, 180,
184, 186-188, 191, 192,
196, 197, 201, 202, 204-
208, 211, 219, 224, 225,
234, 239
Partido Socialista Obrero
Español (PSOE), 104
Partido Socialista Unificado
de México (PSUM), 94, 188
Partido Verde Ecologista de
México (PVEM), 204
Paz, Marie Jo, 139
Paz, Octavio, 15, 18, 113, 115-
118, 133, 139, 141, 158, 187
*pensamiento económico de la
Constitución de 1857, El*
(Madrid), 67
Peña Nieto, Enrique, 20, 180,
199, 206, 208, 216, 220,
234, 238
Pérez, Camilo Daniel, 89
Perón, Evita, 137
Petróleos Mexicanos (Pemex),
175, 192, 230

Pirenne, Henri, 75
Plural (publicación), 117
Plutarco, 139
Podemos (partido de España),
217
poder corrompe, El (Zaid), 238
poder y la gloria, El (Greene),
224
Policía Federal (PF), 174, 175,
216, 236
Política (publicación), 117, 119
Pope, Alexander, 62
Por una democracia sin adjetivos
(Krauze), 20n
Portes Gil, Emilio, 131
Preciado Hernández, Rafael,
92
presidencia imperial, La
(Krauze), 19
Prieto, Guillermo, 105
Proceso (publicación), 18, 19,
188, 192, 207
Procuraduría General de la
República (PGR), 208
pueblo soy yo, El (Krauze),
20n
Putin, Vladímir, 219, 240

Quevedo, Francisco de, 108

Rabasa, Emilio, 55, 111
Ramírez, Ignacio, 105
Reagan, Ronald, 166
Reforma (publicación), 19, 169,
222, 235
República Restaurada, La (Cosío
Villegas), 44

Review of the State (publicación), 65
Revista de la Universidad (publicación), 119
Revueltas, José, 115
Reyes Heroles, Jesús, 56, 57, 121, 122, 186
Reyes, Alfonso, 111, 113, 114
Riojas, Diana Laura, 132, 141
Rivera, Diego, 210
Robles, Gonzalo, 32
Rodríguez, Abelardo, 131
Rossi, Alejandro, 139
Rossi, Olbeth, 139
Rousseau, Jean-Jacques, 68
Rousseff, Dilma, 199
Ruiz Cortines, Adolfo, 36, 84, 184
Rulfo, Juan, 116

Sahagún, Marta, 192
Salazar, Othón, 93, 94
Salinas, familia, 140
Salinas de Gortari, Carlos, 16, 100, 103, 125, 129-132, 134-140, 168, 189
Salinas de Gortari, Raúl, 131, 140, 168
Salvini, Matteo, 219
Scherer García, Julio, 15, 117, 139, 207
Scott, Walter, 65
Secretaría de Desarrollo (Sedesol), 132, 134
Secretaría de Educación Pública (SEP), 24

Secretaría de Relaciones Exteriores (SER), 117
Segovia, Rafael, 59
señores del narco, Los (A. Hernández), 165
Serrano, Irma, 164
Shakespeare, William, 59, 133, 141
Sicilia Falcón, Alberto, 164
Siempre! (publicación), 116, 117, 119
Sierra, Justo, 110, 154
Sigüenza y Góngora, Carlos de, 108
Silva Herzog, Jesús, 112, 113
Soto Máynez, Óscar, *Sotolito*, 90
Structure of Politics at the Accession of George III, The (Namier), 59
Suprema Corte de Justicia de la Nación (SCJN), 105, 205, 233
Swift, Jonathan, 65, 71

Tannenbaum, Frank, 33, 34
Tarea política (Krauze), 20n
Teporaca, Gabriel, 77
Terrazas, Joaquín, 77
Terrazas, Luis, 76, 82
Textos heréticos (Krauze), 20n
Tiempo contado (Krauze), 20n
Time (publicación), 166
Times, The (publicación), 65
Tobler, Hans Werner, 35
Toledo, Francisco, 195

Toral, León, 54
tormenta, La (Vasconcelos), 30
Torres Bodet, Jaime, 114
Trevelyan, G. M., 60
Trías, Ángel, 77, 81
Trías, Ángel, hijo, 77
Trotski, León, 12
Trump, Donald, 219, 221, 230, 236, 239
Turrent, Isabel, 139

Unamuno, Miguel de, 85
Universidad Autónoma de Chihuahua, 91, 94
Universidad de Sussex, 177
Universidad Iberoamericana, 92
Universidad Nacional Autónoma de México (UNAM), 92, 116, 117, 123
Facultad de Derecho, 30, 66, 67, 119
Universidad Nicolaíta, 40
Unomásuno (publicación), 70
Usigli, Rodolfo, 114

Valentín Elizalde, *El Gallo de Oro*, 179
Vargas Llosa, Mario, 18, 206

Vasconcelos, José, 30, 31, 54, 105, 111-113
Velázquez, Fidel, 103, 134
Victorio, jefe apache, 77
Villa, Francisco, 82, 210
Villanueva, Mario, 209
Vuelta (publicación), 15, 17, 18, 117, 133, 187

Wall Street Journal, The (publicación), 228
Weber, Max, 107, 141
Wilder, Thornton, 140

...Y México se refugió en el desierto (Fuentes Mares), 76
Yunque, El, 193

Zaid, Gabriel, 15, 17, 98, 103, 122, 169, 187, 205, 215, 222, 238, 239
Zapata, Emiliano, 141, 210
Zaragoza, Ignacio, 155
Zarco, Francisco, 105, 154, 159
Zedillo Ponce de León, Ernesto, 18, 190
Zeta (publicación), 170, 171
Zetas, Los, 173, 175, 176, 179, 213

Crítica al poder presidencial de Enrique Krauze
se terminó de imprimir en el mes de diciembre de 2021
en los talleres de Diversidad Gráfica S.A. de C.V.
Privada de Av. 11 #1 Col. El Vergel, Iztapalapa,
C.P. 09880, Ciudad de México.